Margreet de Heer

FILOSOFIA

em quadrinhos para principiantes

Tradução
Daniel Eiti Missato Cipolla

Editora Cultrix
SÃO PAULO

Título original: *Philosophy – A Discovery in Comics.*

Publicado originalmente en holandês por Uitgeverij Meinema, 2010.

Texto de acordo com as novas regras ortográficas da língua portuguesa.
1ª edição 2013.

Editor: Adilson Silva Ramachandra
Editora de texto: Denise de C. Rocha Delela
Coordenação editorial: Roseli de S. Ferraz
Preparação de originais: Beatriz Bellucci
Produção editorial: Indiara Faria Kayo
Assistente de produção editorial: Estela A. Minas
Editoração eletrônica: Join Bureau
Revisão: Vivian Miwa Matsushita e Indiara Faria Kayo

CIP-BRASIL. CATALOGAÇÃO NA PUBLICAÇÃO
SINDICATO NACIONAL DOS EDITORES DE LIVROS, RJ

Heer, Margreet de
Filosofia em quadrinhos para principiantes / Margreet de Heer ; tradução Daniel Eiti Missato Cipolla. – 1ª ed. – São Paulo : Cultrix, 2013.
120 p. : principalmente il. ; 21 cm.

Tradução de : Philosophy : a discovery in comics.
Texto em quadrinhos
ISBN 978-85-316-1242-8

1. Filosofia – Introdução – História em quadrinhos. 2. História em quadrinhos. I. Título.

13-03365 CDD: 741.5
CDU: 741.5

Direitos de tradução para o Brasil adquiridos com exclusividade pela
EDITORA PENSAMENTO-CULTRIX LTDA., que se reserva a
propriedade literária desta tradução.
Rua Dr. Mário Vicente, 368 – 04270-000 – São Paulo, SP
Fone: (11) 2066-9000 – Fax: (11) 2066-9008
http://www.editoracultrix.com.br
E-mail: atendimento@editoracultrix.com.br
Foi feito o depósito legal.

DEDICADO A
YIRI
MARIDO
COLORISTA
MUSO

SUMÁRIO

PENSAMENTO:
O QUE É ISSO?

QUANDO EU TINHA 5 ANOS...
ESTOU PENSANDO!
saia de lã típica dos anos setenta
ISTO É UM PENSAMENTO!
ESTOU PENSANDO!
E ISTO TAMBÉM!
SOU A ÚNICA QUE VÊ O MUNDO COM ESTES OLHOS E TEM ESTE PENSAMENTO...!
pensamento pensamento pensamento pensamento pensamento pensamento
ESSES PENSAMENTOS INEVITAVELMENTE INSPIRAVAM MAIS PENSAMENTOS...
A GRAMA É VERDE!
... ou será que não é ...?
TALVEZ PARA OS OUTROS A GRAMA SEJA VERMELHA, MESMO QUE A CHAMEM DE VERDE...!
... Como poderíamos verificar isso?
Vai ver que o mundo todo é irreal!
COMO TER CERTEZA DE QUE OS OUTROS NÃO SÃO ROBÔS?
Papai, você é um robô...?
QUE TAMANHO TEM O ESPAÇO...?
Dizem que é infinito...
O QUE É O INFINITO?
É quando algo não tem fim
QUEM SABE SEJA IGUAL A ESTA BOLA. SUA SUPERFÍCIE NÃO TEM COMEÇO NEM FIM...
E o que é o PENSAMENTO, afinal?

O QUE É O PENSAR, AFINAL?

AGORA QUE TENHO 36 ANOS, FORMULEI O SEGUINTE MODELO:

TODAS ESSAS CONEXÕES/PENSAMENTOS ACONTECEM MAIS OU MENOS AO MESMO TEMPO, EM DIFERENTES NÍVEIS, CONSCIENTE E SUBCONSCIENTEMENTE...
e quando a corrente passa por um arquivo, ela o altera um pouco
vamos anotar que passei por aqui...
UM BOM MODELO, NÃO ACHA?
MAS SERÁ QUE É EXATO?
PERMITA-ME APRESENTAR-LHES: ESTE É YIRI, MEU MARIDO!
Ele também é quadrinista, e coloriu este livro!

PENSAR SOZINHO É ÓTIMO...
... MAS OS NOVOS PENSAMENTOS SÓ PODEM NASCER DE NOVAS INFORMAÇÕES E DIÁLOGOS!
toc toc
JÁ EXPERIMENTOU ESTE PENSAMENTO?

PENSAR SOZINHO É COMO DIRIGIR NUMA VIA EXPRESSA:
RÁPIDO E FÁCIL!
ROTA CONHECIDA
OUTRO LUGAR
- Por aqui!
... MAS SÓ É POSSÍVEL CHEGAR AO SEU DESTINO SAINDO DA ESTRADA EM ALGUM PONTO!

VEJO O CÉREBRO MAIS COMO UM COMPUTADOR COM ACESSO À INTERNET...
QUANDO O COMPUTADOR PIFA, NÃO É O FIM DA INTERNET NEM DA PESSOA DIANTE DA TELA!
INTERESSANTE!
A REALIDADE ESTÁ CHEIA DE INFORMAÇÕES QUE NÃO PODEMOS PERCEBER DIRETAMENTE – PODEMOS ACESSÁ-LAS APENAS COM AS FERRAMENTAS CERTAS!
ondas de rádio
internet
PODEMOS VER O CORPO E O CÉREBRO COMO INSTRUMENTOS ESPECIALMENTE ADAPTADOS PARA "RECEBER" A REALIDADE SENSORIAL!
visão
cheiros
gostos
sons
tato
Tenho sinal!
Belo navegador da realidade, o seu!
– Quer criar uma rede?
Erro 404, cafajeste!
O CORPO E O CÉREBRO COMO "NAVEGADORES DA REALIDADE"...!

ASSIM, O PENSAR É O MÉTODO PELO QUAL O NOSSO INSTRUMENTO (corpo + cérebro) PROCESSA AS INFORMAÇÕES QUE RECEBEMOS.

QUEM
PENSAMOS QUE
SOMOS?

VEJA, ELE ESTÁ SONHANDO!
arranha arranha
CONTRAÇÕES MUSCULARES INVOLUNTÁRIAS, ACHO...
encolhe
É, NÃO DÁ PARA COMPARAR O CÉREBRO DE UM GATO COM O NOSSO...
zwk
Tfff
Tfff Tfff!
ACORDA, BÓRIS!
VOCÊ ESTÁ TENDO UM PESADELO!
NOSSA, PARECE QUE ELE ESTAVA MESMO SONHANDO!
lambe lambe
ELE ESTAVA REALMENTE BRAVO E COM MEDO ENQUANTO DORMIA...
boceeejo!
EU PENSAVA QUE SONHAR ERA UM FENÔMENO EXCLUSIVAMENTE HUMANO!
lambe lambe
UM MODO PELO QUAL O NOSSO CÉREBRO SUPERIOR PROCESSA AS COISAS DURANTE O SONO...
hmzz...
snrk
NESSE CASO, O QUE É QUE NOS DIFERENCIA DOS ANIMAIS?

O QUE NOS TORNA HUMANOS?
ALGUNS DIZEM:
AUTOCONSCIÊNCIA
O QUE SIGNIFICA ISSO?
DEFINIÇÃO: TER UMA IMAGEM DE SI PRÓPRIO COMO UM INDIVÍDUO QUE PENSA, AGE E SENTE
PENSO
AJO
SINTO
ACHO QUE É COMO TER UMA IMAGEM MENTAL DE SI MESMO VISTO DE FORA,
COMO NUM FILME.
MINHA VIDA estrelando EU
ÀS VEZES É ASSIM QUE CAMINHO PELA VIDA – POSSO ATÉ OUVIR A NARRAÇÃO.
Lá vai a nossa heroína Maggie, a Grande Promessa dos Quadrinhos, avançando intrépida rumo ao centro da cidade...
trilha sonora
ENTÃO ISSO É AUTOCONSCIÊNCIA?
PENSAVA QUE ERA SÓ MAIS UMA DAS SUAS ESQUISITICES!
É TALVEZ NEM TODOS SE SINTAM COMO SE ESTIVESSEM NUM FILME – MAS É CERTO QUE TODOS TÊM UMA IMAGEM DE QUEM SÃO, DE COMO SÃO, DE COMO OS OUTROS OS VEEM...
... de quais são as consequências do seu comportamento...

MAS OS ANIMAIS NÃO TÊM ESSA IMAGEM DE SI MESMOS?
COMO PODEMOS SABER?
SUPOMOS QUE OS ANIMAIS NÃO TÊM UMA AUTOCONSCIÊNCIA DESENVOLVIDA PORQUE ELES NÃO SE RECONHECEM NO ESPELHO.
AAAAAAAAAAARGH!!
Outro gato!
ESSA TEORIA É COMPLETAMENTE BATIDA!
A VERDADE É QUE MUITOS ANIMAIS FAZEM UMA ASSOCIAÇÃO QUANDO SE CONFRONTAM COM SUA IMAGEM NO ESPELHO!
AAAAAARGH!
Que cabelo horrível!
MACACOS, CORVOS, GOLFINHOS, ELEFANTES – DESCOBRIMOS CADA VEZ MAIS ANIMAIS QUE CERTAMENTE TÊM AUTOCONSCIÊNCIA!

ENTÃO, POR QUE A AUTOCONSCIÊNCIA HUMANA É DIFERENTE?
Por que consideramos a autoconsciência humana superior à dos animais?
ACHO QUE É PORQUE VEMOS A AUTOCONSCIÊNCIA PRINCIPALMENTE COMO A CAPACIDADE DE REFLETIR SOBRE NÓS MESMOS E NOSSAS AÇÕES.
ESTE SOU EU.
MAS POR QUE SOU ASSIM?
E POR QUE FAÇO O QUE FAÇO?
NÃO VEJO OS ANIMAIS FAZENDO ISSO!
NÃO VEJO MUITA GENTE FAZENDO ISSO TAMBÉM! E COMO PODERÍAMOS MEDIR ESSA... AUTORREFLEXÃO?
Hmm, não deveria ter comido aquela terceira gazela!
Sou apenas um grão de areia no universo infinito!
Hmm, essa última pirueta foi um lixo!
ACHO QUE SÓ PODEMOS MEDI-LA PELO GRAU EM QUE ELA HABILITA OS SERES A MUDAR SEU COMPORTAMENTO EXTERIOR!
NESSE CASO, NÃO ACHO QUE PODEMOS CONSIDERÁ-LA UMA CARACTERÍSTICA HUMANA GERAL...

RACIOCÍNIO LÓGICO
UMA COISA QUE É TÍPICA DO SER HUMANO É A CAPACIDADE DE
SERÁ MESMO?
O QUE SIGNIFICA: RACIOCÍNIO LÓGICO?
SABER SOMAR 1 E 1?
ALGUNS ANIMAIS FAZEM ISSO!
ACHO QUE TEM ALGO A VER COM ESTA RIMA:
SEI DE SEIS HOMENS HONESTOS QUE ME ENSINAM O QUE EU SEI. CHAMAM-SE: QUE, ONDE, QUANDO, COMO, QUEM E POR QUÊ.
POR: RUDYARD KIPLING (1865-1936) ESCRITOR E POETA BRITÂNICO
ELA TEM A VER COM A NOSSA CAPACIDADE DE ANALISAR:
ESTAS SÃO AS SEIS PERGUNTAS QUE USAMOS PARA CONSEGUIR INFORMAÇÕES CONCRETAS.
O QUÊ
POR QUÊ
QUANDO
COMO
ONDE
QUEM

A PERGUNTA "O QUÊ" TRATA DE INFORMAÇÕES PRÁTICAS A RESPEITO DE OBJETOS E AÇÕES EXTERIORES A NÓS.
O QUE é isso?
O QUÊ
A PERGUNTA "ONDE" TRATA DE ESPAÇO E LOCALIZAÇÃO E PRESSUPÕE A CONSCIÊNCIA ESPACIAL.
ONDE está?
ONDE
QUANDO
A PERGUNTA "QUANDO" PRESSUPÕE UMA NOÇÃO DE TEMPO, DA PASSAGEM DAS ESTAÇÕES.
A PERGUNTA "COMO" TRATA DE PROCEDIMENTOS E DO FUNCIONAMENTO DAS COISAS E NECESSITA DE UM GRAU DE LÓGICA.
QUEM
A PERGUNTA "QUEM" TRATA DE IDENTIDADE E EXIGE A NOÇÃO DE EU E A AUTORREFLEXÃO.
QUEM sou eu?
COMO funciona?
COMO
POR QUÊ
POR QUE existo?
... ACHO QUE OS ANIMAIS NUNCA PERGUNTAM "QUEM" OU "POR QUÊ", NÃO É?
A PERGUNTA "POR QUÊ" TRATA DO SIGNIFICADO E DO PROPÓSITO DAS COISAS E PEDE UM ENTENDIMENTO DA CAUSALIDADE E UM ANSEIO PELA SABEDORIA
PROVAVELMENTE NÃO!
MAS TORNO A PERGUNTAR...
... COMO PODEMOS TER CERTEZA? COMO PODEMOS VERIFICAR A PRESENÇA OU A AUSÊNCIA DESSES PENSAMENTOS?
Quem sou eu?
Por que estou aqui?
Qual o significado disso tudo?

LINGUAGEM
OUTRA DIFERENÇA ENTRE OS HUMANOS E OS ANIMAIS É A...
ESPANHOL
WEBSTER'S
HOLANDÊS
LATIM
Árabe
TODOS OS SERES VIVOS SE COMUNICAM DE UM JEITO OU DE OUTRO ATRAVÉS DO SOM, DO OLFATO, DO TATO, DO PALADAR, DA COR OU DA POSTURA.
este é o MEU território!
EU PICO!
E AÍ, GRACINHA?
Tenho néctar!
NÓS, HUMANOS, COM CERTEZA DESENVOLVEMOS AO MÁXIMO A COMUNICAÇÃO SONORA!
SÓ A LÍNGUA INGLESA TEM QUASE 250.000 PALAVRAS!
E MAIS: SOLIDIFICAMOS A LÍNGUA COM A ESCRITA!
لا تلمسيني هنا!
TENHO QUE ADMITIR QUE NUNCA VI ANIMAIS FAZENDO ISSO!
你帶咗 避孕套
איפה החדר שלי?!
Я не могу жить без тебя...
Πιο σιγά, παρακαλώ
トイレはどこですか。
FAMINTO!
COMIDA!

A CAPACIDADE DE TRANSMITIR CONCEITOS (CONCRETOS E ABSTRATOS) TRANSFORMANDO-OS EM

SÍMBOLOS

OS SÍMBOLOS NOS AJUDAM NO
PENSAMENTO ABSTRATO
NÃO SERÁ ESSE UM TRAÇO EXCLUSIVAMENTE HUMANO?
... A CAPACIDADE DE USAR SÍMBOLOS PARA DESCREVER CONCEITOS COMPLEXOS E DIFÍCEIS DE COMPREENDER?
COMO
OU
OU
OU
ENCHEMOS NOSSA MENTE DE PENSAMENTOS QUE LITERALMENTE NOS "EMBARALHAM A CABEÇA".
extremamente grande
aparentemente paradoxal
infinitamente pequeno

AGORA, E O
HUMOR
NUNCA VI UM ANIMAL CAIR NA GARGALHADA!
TALVEZ O HUMOR SEJA UM EFEITO COLATERAL DA NOSSA CAPACIDADE DE PENSAR ABSTRATAMENTE!
A ÚNICA FORMA DE COMPREENDER ESSAS NOÇÕES EXTRAORDINÁRIAS É COLOCANDO-AS EM PERSPECTIVA!
... senão, ficaríamos loucos ou suicidas!
infinitude
eternidade
nada
HAHAHAHA!!
OU VOCÊ PASSA A ACREDITAR NUM DEUS PARA JUSTIFICAR AS COISAS QUE NÃO SE ENCAIXAM NA SUA ESTRUTURA!
infinitude?
eternidade?
COM CERTEZA DEUS TEM UM PLANO PARA TUDO...
não cabe a mim tentar entender
HUMOR E RELIGIÃO
SÃO ESSAS AS COISAS QUE NOS DIFERENCIAM DOS ANIMAIS?
prrr
pr
prr
NEM QUERO IMAGINAR COMO SERIA SE OS ANIMAIS DESENVOLVESSEM O HUMOR E A RELIGIÃO...
mm

!
Espero que essa ração seja KOSHER!
Ri! Ri! Ri!

OS
PILARES DA
FILOSOFIA OCIDENTAL

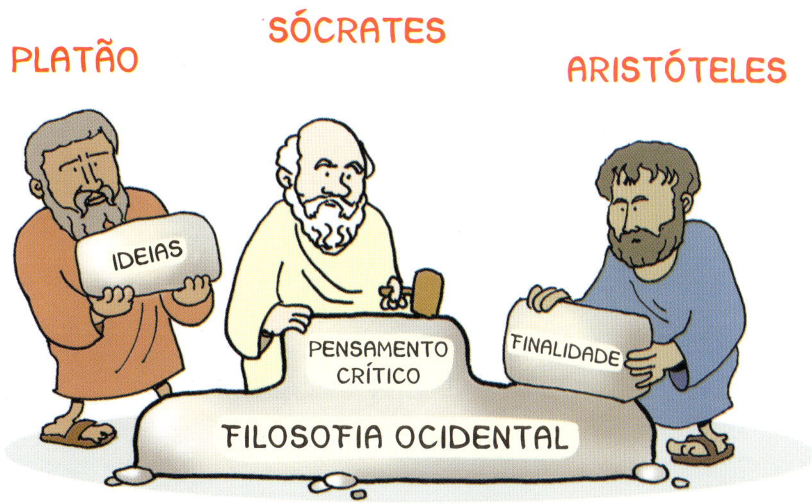

SÓCRATES, PLATÃO E ARISTÓTELES NORMALMENTE SÃO VISTOS COMO OS FUNDADORES DA FILOSOFIA OCIDENTAL.
O QUE SIGNIFICA: "FILOSOFIA OCIDENTAL"?
QUAIS SÃO AS SUAS CARACTERÍSTICAS?
E O QUE É A "FILOSOFIA ORIENTAL"?
E QUAL É A DIFERENÇA?
HUH? EU DIRIA QUE A FILOSOFIA ORIENTAL É BASEADA NA:
ENQUANTO A FILOSOFIA OCIDENTAL TRATA DA:
UNIDADE
a essência das coisas está na sua relação com o TODO
TUDO É UM
UNINDO
OPOSTOS
APARENTES
DUALIDADE
a essência das coisas só pode ser descoberta quando elas são examinadas SEPARADAMENTE
TUDO é uma combinação de PARTES
DECOMPOR
REDUZIR E DEDUZIR
AS RAÍZES DO NOSSO PENSAMENTO SÃO TÃO PROFUNDAS QUE TENDEMOS A ESQUECER QUE EXISTEM ALTERNATIVAS...

ATENAS, SÉCULO V A.C.
UMA ERA DE REVIRAVOLTAS POLÍTICAS! GUERRA CONTRA ESPARTA, FORMAS DE GOVERNO EM CONSTANTE MUTAÇÃO, DA DEMOCRACIA À OLIGARQUIA.
É NOTÁVEL QUE OS FILÓSOFOS SEJAM CONSIDERADOS ELEMENTOS SUBVERSIVOS EM TEMPOS POLITICAMENTE INSTÁVEIS!
Faz sentido! Os políticos não querem que as pessoas pensem por si mesmas!

A VIDA DE
SÓCRATES
469–399 A.C.
SÓCRATES NASCEU EM ATENAS, EM 469 A.C.
pai Sofronisco
mãe Fenarete
SEU PAI ERA ESCULTOR, SUA MÃE, PARTEIRA. É POSSÍVEL QUE ELE TENHA SE INSPIRADO NELA PARA A TÉCNICA DE DISCUSSÃO QUE DEPOIS CHAMOU DE "TÉCNICA DA PARTEIRA".
O CONHECIMENTO DEVE SER EXTRAÍDO DO MESMO MODO QUE A PARTEIRA AJUDA O BEBÊ A NASCER!
FORÇA! FORÇA!
PENSE MAIS!
RESPIRE!
Vamos lá!
Pensar dói!
SÓCRATES CRESCEU NA ÉPOCA DO AUGE DE ATENAS. EM 431 A.C., QUANDO ELE TINHA 38 ANOS, ESTOUROU A GUERRA DO PELOPONESO, QUE DUROU 27 ANOS. NO FIM DA GUERRA, SÓCRATES TINHA 65 ANOS. ATENAS, DERROTADA POR ESPARTA, ESTAVA MUITO POBRE.
Sócrates participou em três campanhas contra Esparta:
• Potideia (432 a.C.)
• Anfípolis (424 a.C.)
• Délio (424 a.C.)
ELE ESPALHAVA SUAS IDEIAS PELO MERCADO:
O QUE É O CONHECIMENTO?
NOSSOS GOVERNANTES PENSAM QUE SÃO SÁBIOS, MAS SERÃO MESMO?
CALEM-NO!
Já não temos problemas suficientes?
SÓCRATES CASOU-SE COM XANTIPA, QUE ERA MUITO MAIS NOVA. ELES TIVERAM TRÊS FILHOS.
Briguenta, mas me mantém na linha!
AS IDEIAS DE SÓCRATES FORAM ESCRITAS POR PLATÃO, SEU DISCÍPULO.
SOBRE O ESTADO IDEAL.
SOBRE A VIRTUDE.
EM 399 A.C., AOS 70 ANOS, ELE FOI JULGADO E CONDENADO.
Ele corrompe nossos jovens!
Não segue as leis!
Ri dos deuses!
SÓCRATES PREFERIU O VENENO AO EXÍLIO E MORREU ENTRE SEUS AMIGOS.
UM SOLDADO NÃO FOGE DIANTE DA MORTE!

A DOUTRINA
FILOSOFIA DE
SÓCRATES
SÓCRATES COSTUMAVA FALAR NA ÁGORA, O CENTRO DA VIDA PÚBLICA E POLÍTICA DE ATENAS.
MEUS ENSINAMENTOS NÃO SÃO UMA DOUTRINA!
As doutrinas são para aqueles que não pensam por si mesmos!
MELHOR ASSIM!
FILO = amor
SOFIA = sabedoria
SÓ SEI QUE NADA SEI!
... mas isso é mais do que a maioria das pessoas sabe!
CONHECE-TE A TI MESMO
COMO ALGUÉM PODE CONHECER ALGO SE NÃO CONHECE A SI MESMO?
É POR ISSO QUE ESTE É O NÚCLEO DA MINHA FILOSOFIA!
COMO?
CONTINUE DISCUTINDO!
SEJA CRÍTICO!
BUSQUE A VERDADE!
A vida não sujeita a um exame crítico não é digna de ser vivida!
SOU UMA VESPA!
E ATENAS É UM CAVALO PREGUIÇOSO.
Pense!
Critique!
Arrogante!
NÃO IMPORTA O QUE VOCÊ DIZ, ELE SEMPRE SERÁ CONTRA...
como um sofista!
SERÁ QUE ELE TEM ALGUMA IDEIA PRÓPRIA?
COM CERTEZA! CREIO NA VERDADE, NA BELEZA E NA JUSTIÇA!

SÓCRATES! SÓCRATES!
ESTÁ SABENDO DO SEU AMIGO?
ESPERE!
Antes que você continue...:
PASSOU SUA HISTÓRIA PELOS TRÊS CRIVOS?
Hã? Os três o quê?
O PRIMEIRO CRIVO É O DA VERDADE! VOCÊ VERIFICOU A VERACIDADE DO QUE QUER ME CONTAR...?
Não. Eu deveria...?
O SEGUNDO CRIVO É O CRIVO DA BONDADE! O QUE VOCÊ VAI DIZER SOBRE O MEU AMIGO É UMA COISA BOA?
Não, mas é engraçado!
O TERCEIRO CRIVO É O DA NECESSIDADE! É MESMO NECESSÁRIO QUE VOCÊ ME CONTE ISSO?
Hum... pensando bem, acho que NÃO.
BOM, ENTÃO ACHO QUE NÃO PRECISO SABER... !
Nos economiza bastante tempo, não é?

O DISCURSO SOCRÁTICO

SÓCRATES DISCUTIA DIVERSAS QUESTÕES ÉTICAS COM SEUS AMIGOS. PARA TENTAR DESCOBRIR O QUE SEUS COLEGAS DE DISCUSSÃO REALMENTE SABIAM, ELE FAZIA UMA PERGUNTA ATRÁS DA OUTRA...

ESSA TÉCNICA DE DISCURSO SOCRÁTICO AINDA É ENSINADA PELO MUNDO AFORA PARA AJUDAR AS PESSOAS A FORMULAR CLARAMENTE AS SUAS IDEIAS E AVALIAR AS SUAS EXPERIÊNCIAS. UMA DISCUSSÃO SOCRÁTICA TÍPICA CONTÉM OS SEGUINTES ELEMENTOS:

ESTÁ FICANDO UM POUCO ABSTRATO...
... VOCÊ PODE DAR UM EXEMPLO CONCRETO AGORA?

EXEMPLO DE UMA DISCUSSÃO SOCRÁTICA
PERGUNTA INICIAL:
POR QUE TUDO E TODOS ESTÃO SEMPRE CONTRA MIM?!
CITE FATOS E A PERCEPÇÃO DOS FATOS:
POR QUE VOCÊ ACHA ISSO... ?
ARGH! EU ESTAVA NO MERCADO E TODOS ESTAVAM NO MEU CAMINHO E A FILA ESTAVA GIGANTE E AS PESSOAS PASSAVAM NA MINHA FRENTE E ENTÃO COMEÇOU A CHOVER! TUDO ME ODEIA!!
CONTINUE PERGUNTANDO... E PERGUNTANDO... E PERGUNTANDO...
POR QUE ESTAVA TÃO CHEIO?
ERAM 5 HORAS...
... quando todos saem do trabalho e passam no mercado para comprar uma coisinha ou outra...
ENTÃO POR QUE VOCÊ FOI FAZER COMPRAS NESSA HORA?
Eu tinha que terminar uma história em quadrinhos antes das 5, então não pude sair mais cedo...
POR QUE DEMOROU PARA TERMINAR A HISTÓRIA?
Só fui começar à 1 hora, porque dormi até o meio-dia...
POR QUE ACORDOU TÃO TARDE?
Er, fiquei jogando no Wii até as 3 da madrugada...
... ATÉ A PERGUNTA CENTRAL SER REVELADA E FORMULADA...
E daí?! Dou duro no trabalho! Não posso descansar de vez em quando?
ENTÃO A PERGUNTA CENTRAL É:
COMO POSSO GERENCIAR O TRABALHO E O DESCANSO DE UMA FORMA QUE NÃO ME DEIXE LOUCA?
OU, FORMULADA SIMPLESMENTE EM SEIS PALAVRAS:
COMO POSSO EQUILIBRAR A MINHA VIDA?

BUSQUE REGRAS GERAIS...
BOA PERGUNTA!
COMO POSSO EQUILIBRAR A MINHA VIDA?
MINHA MÃE DIRIA:
MANTENHA A CALMA, A LIMPEZA E CUMPRA OS SEUS HORÁRIOS!
foi isso que a sua avó ME ensinou!
MAS O QUE ISSO SIGNIFICA?
Faxina todo dia?
Ligar o despertador?
EM GERAL ME DOU BEM COM UM POUCO DE CAOS!
Então, o que funciona para MIM... ?
CONTINUE AVALIANDO AS SUAS EXPERIÊNCIAS...
NORMALMENTE VOCÊ DESCANSA MELHOR DEPOIS DE TER CUMPRIDO SEUS PRAZOS...
VERDADE.
E EU LIDO MELHOR COM OS PRAZOS QUANDO DIVIDO O PROJETO EM ETAPAS LÓGICAS...
PROJETO
ESBOÇO
ENVIO
DESENHO
COLORIZAÇÃO
ARTE-FINAL
SE ME CONCENTRAR EM UMA ETAPA DE CADA VEZ...
ESBOÇO
FORMULE UM PRINCÍPIO GERAL:
... E ME RECOMPENSAR COM UM POUCO DE DESCANSO DEPOIS DE CADA ETAPA...
Wiimote
É O SUFICIENTE!
PROJETO
ESBOÇO X
DESCANSO
DESENHO
DESCANSO
COLORIZAÇÃO
DESCANSO
ARTE-FINAL
DESCANSO
ENTÃO:
PLANEJAMENTO GERA EQUILÍBRIO
ÓTIMA CONCLUSÃO!
FALOU BEM!
... agora, de volta ao jogo!
Uhuluu!

... ASSIM?
BEM MAIS CLARO!
NÃO FOI O PRÓPRIO SÓCRATES QUE DISSE QUE DEVEMOS SEMPRE AVALIAR AS NOSSAS FILOSOFIAS À LUZ DAS NOSSAS EXPERIÊNCIAS?

SÓCRATES NÃO NOS DEIXOU NENHUM ESCRITO...
NÓS O CONHECEMOS PRINCIPALMENTE POR MEIO DE PLATÃO, QUE, DEPOIS DA MORTE DE SÓCRATES, ESCREVEU MUITOS DOS SEUS DIÁLOGOS.

A VIDA DE
PLATÃO
± 427 A.C. – ± 347 A.C.
PLATÃO NASCEU POR VOLTA DE 427 A.C., PERTO DE ATENAS, NUMA FAMÍLIA RENOMADA.
ARÍSTON
PERICTÍONE
PLATÃO
GLAUCO
ADIMANTO
POTONE
SEU NOME VERDADEIRO ERA ARÍSTOCLES, MAS O CHAMAVAM DE PLATÃO, QUE SIGNIFICA "LARGO" E "AMPLO".
OMBROS LARGOS!
PROFESSOR DE LUTA LIVRE
OU SERÁ QUE ELE TINHA A BOCA GRANDE?
COMEÇOU COMO POETA, MAS LOGO SE TORNOU SEGUIDOR DE SÓCRATES, ASSIM COMO SEUS IRMÃOS.
BEM QUE O REI PODERIA SER UM FILÓSOFO ASSIM!
O JULGAMENTO E A MORTE DE SÓCRATES O MARCARAM PROFUNDAMENTE.
CHEGA DESSA POLÍTICA DE ATENAS!
VOU VIAJAR.
± 25 anos
ELE VIAJOU POR 12 ANOS, VISITANDO A ITÁLIA, A SICÍLIA, O EGITO E A CIRENAICA.
VOLTOU PARA ATENAS EM 387 A.C. E FUNDOU A ACADEMIA, UMA ESCOLA QUE EXISTIU POR QUASE MIL ANOS, ATÉ 529 D.C.
ESTE TERRENO DE ACADEMO É UM BOM LUGAR!
VAMOS DAR-LHE O NOME DE ACADEMIA, EM HOMENAGEM A ELE!
ENSINAREMOS FÍSICA, MATEMÁTICA, ASTRONOMIA E, É CLARO, FILOSOFIA!
EM 367 A.C., FOI CONVIDADO PARA ENSINAR DIONÍSIO II, O HERDEIRO DO TRONO DE SIRACUSA.
QUEM SABE EU POSSA FAZER DELE O REI-FILÓSOFO COM QUEM VENHO SONHANDO HÁ TANTO TEMPO!
FILOSOFIA? ECA!
SICÍLIA
SEM GRANDE SUCESSO.
EM 360 A.C., PLATÃO RETORNOU A ATENAS DE VEZ, CONTINUOU ESCREVENDO E ENSINANDO...
ATÉ A SUA MORTE, POR VOLTA DE 347 A.C., QUANDO TINHA UNS 80 ANOS.
ESPÊUSIPO, MEU SOBRINHO, QUERO QUE VOCÊ ASSUMA MEU LUGAR COMO LÍDER DA ACADEMIA!

O TEXTO MAIS CONHECIDO DE PLATÃO É A FAMOSA

ALEGORIA DA CAVERNA

A ALEGORIA DA CAVERNA É UM DIÁLOGO ENTRE SÓCRATES E GLAUCO, IRMÃO DE PLATÃO. ESTÁ NO LIVRO CHAMADO *A REPÚBLICA*.

MESMO SE TRATANDO DE SÓCRATES, ESTÁ CLARO QUE PLATÃO EXPLICA SUA PRÓPRIA FILOSOFIA SOBRE O MUNDO DAS FORMAS VERDADEIRAS, AS IDEIAS ETERNAS DE QUE A REALIDADE FÍSICA É APENAS UMA SOMBRA.

PLATÃO
IMAGINE...
NUMA CAVERNA TÃO PROFUNDA QUE A LUZ DO SOL NÃO A PENETRA, HÁ PRISIONEIROS ACORRENTADOS PELO PESCOÇO, PELOS PÉS E PELAS MÃOS. SÓ PODEM VER O QUE ESTÁ BEM À FRENTE DELES.
ATRÁS DELES, BEM ALTO, ARDE UMA FOGUEIRA
OBJETOS SÃO CARREGADOS EM FRENTE AO FOGO
OS OBJETOS PROJETAM SOMBRAS NA PAREDE DIANTE DOS PRISIONEIROS
VOCÊ NÃO ACHA QUE, PARA ESSES PRISIONEIROS, A REALIDADE CONSISTE APENAS NAS SOMBRAS QUE VEEM E NOS ECOS QUE ESCUTAM?
SIM!

E SE UM PRISIONEIRO SE LIBERTASSE, ELE NÃO SERIA OFUSCADO PELA LUZ DO FOGO, E NÃO FICARIA TÃO CONFUSO QUE DESEJARIA VOLTAR ÀS SOMBRAS?
ACREDITO QUE SIM!
AI! AI!
AI! UI!
... MAS O QUÊ...?!
?
E SE ELE FOSSE GUIADO PARA FORA DA CAVERNA, PARA O MUNDO ACIMA?
NÃO FICARIA OFUSCADO E NÃO PRECISARIA DE UM TEMPO ANTES QUE PUDESSE DISCERNIR AS FORMAS?
PRIMEIRO AS SOMBRAS E OS REFLEXOS...
... E, POR FIM, AS FORMAS VERDADEIRAS SOB A LUZ DO SOL?
BEM, ACHO QUE ELE PRECISARIA DE ALGUM TEMPO PARA SE ADAPTAR...

E SE ELE VOLTASSE À CAVERNA E CONTASSE AOS SEUS COMPANHEIROS SOBRE AS FORMAS VERDADEIRAS QUE VIU?
?
?
JÁ DESACOSTUMADO A TAMANHA FALTA DE LUZ, NÃO FICARIA CEGO NA ESCURIDÃO? SUAS PALAVRAS NÃO PARECERIAM IMCOMPREENSÍVEIS?
!
E SE ELE TENTASSE LIBERTAR SEUS IRMÃOS...
... ELES NÃO FICARIAM COM RAIVA E TENTARIAM MATÁ-LO?
PLATÃO DEVIA ESTAR PENSANDO NA MORTE DE SÓCRATES!

A FILOSOFIA DE PLATÃO

NA BASE DO MUNDO PERCEPTÍVEL HÁ UM MUNDO DE IDEIAS PERENES:

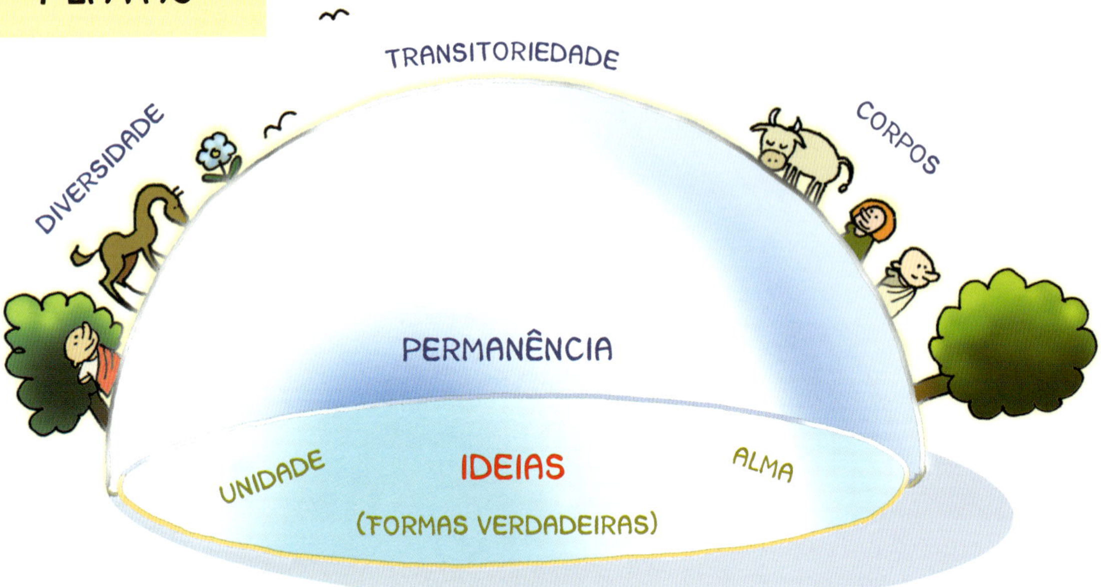

* HOMO UNIVERSALIS = HOMEM UNIVERSAL: PESSOA CUJA MAESTRIA ABRANGE UMA QUANTIDADE SIGNIFICATIVA DE ASSUNTOS DIFERENTES.

A VIDA DE
ARISTÓTELES
384 A.C. – 322 A.C.
ARISTÓTELES NASCEU EM ESTAGIRA, PERTO DA ATUAL SALÔNICA.
Nicômaco (médico do rei)
seu tio Proxeno o criou depois da morte de seus pais
AOS 17 ANOS, FOI PARA ATENAS ESTUDAR NA ACADEMIA DE PLATÃO.
AH! O CONHECIMENTO!
FICOU LÁ POR QUASE 20 ANOS, ATÉ A MORTE DE PLATÃO EM 347 A.C.
VOCÊ VAI SUBSTITUIR PLATÃO?
NÃO. MINHA VISÃO É MUITO DIFERENTE!
ELE VIAJOU PARA A CORTE DO SEU AMIGO HÉRMIAS DE ATARNEU, NA ÁSIA MENOR.
NO CAMINHO, PODÍAMOS VISITAR A ILHA DE LESBOS.
É! VAMOS ESTUDAR SUA FAUNA E FLORA!
ARISTÓTELES CASOU-SE COM PÍTIA, A SOBRINHA DE HÉRMIAS. ELES TIVERAM UMA FILHA: PÍTIA.
DEPOIS DA MORTE DE HÉRMIAS, EM 343 A.C., ARISTÓTELES ENSINOU O JOVEM ALEXANDRE, O GRANDE.
EU EXPANDIRIA O IMPÉRIO PARA O LESTE, SE FOSSE VOCÊ...
SÓ TEM BÁRBAROS POR LÁ!
13 anos
TORNOU-SE CHEFE DA ACADEMIA REAL DA MACEDÔNIA.
Ensinou Cassandro (rei da Macedônia) e Ptolomeu (soberano do Egito)
EM 335 A.C., ARISTÓTELES VOLTOU A ATENAS E FUNDOU O LICEU.
CHAMO-O DE ESCOLA DA PERIPATÉTICA, POIS GOSTO DE CAMINHAR ENQUANTO ENSINO!
DEPOIS DA MORTE DA SUA ESPOSA, TEVE UM FILHO COM HERPILE.
DIZEM QUE ELE TEM UM CASO COM UM JOVENZINHO!
Quem não tem hoje em dia?
ALEXANDRE, O GRANDE MORREU EM 323 A.C. E ARISTÓTELES TEVE QUE SAIR DE ATENAS.
ALEXANDRE ERA UM IMBECIL!
FOI ARISTÓTELES QUE O ENSINOU! PEGUEM-NO!
MELHOR SAIR LOGO ANTES QUE ACABE COMO SÓCRATES!
MORREU MENOS DE UM ANO DEPOIS EM CÁLCIS, AOS 61 ANOS.
FOI UM PAI AMOROSO E ERA BONDOSO COM SEUS ESCRAVOS!

ARISTÓTELES SE ENVOLVEU COM TODAS AS CIÊNCIAS DO SEU TEMPO

O que é o homem? Um monumento de fraqueza, vítima do momento, cartas dadas pelo destino; tudo o que resta é lodo e bile.

O único Estado estável é aquele onde todos os homens são iguais perante a lei.

É mais fácil refutar que formular um axioma.

A pobreza é a mãe do crime e da revolução.

Um bom estilo deve, antes de tudo, ser claro.

A natureza não faz nada em vão.

O humor é o único critério da seriedade e a seriedade, do humor; assim, um assunto que não comporte a pilhéria é suspeito, e uma brincadeira que não comporte avaliação séria é falsa sagacidade.

O objetivo da arte não é representar a aparência externa das coisas, mas seu significado interno.

O segredo do humor é a surpresa.

O que caracteriza uma mente educada é a capacidade de considerar uma ideia sem aceitá-la.

Toda ação humana tem uma ou mais destas sete causas: acaso, natureza, compulsão, hábito, razão, paixão e desejo.

Aqueles que buscam motivos para respeitar seus pais não precisam de motivos – precisam de punição.

Uma andorinha não faz verão.

A FILOSOFIA DE
ARISTÓTELES
SER
O QUE É ISSO?
O QUE SIGNIFICA ALGUÉM OU ALGO "SER"? ENUMEREI OS DEZ ASPECTOS DO "SER":
MARGREET É:
SUBSTÂNCIA: HUMANA
LUGAR: AMSTERDAM
TEMPO: COMEÇO DO SÉCULO XXI
RELAÇÃO: FILHA MAIS VELHA DE MARTIN E GREET ESPOSA DE YIRI
CONDIÇÃO: SAUDÁVEL
AÇÃO: DESENHAR
EXPERIÊNCIA: CRIAÇÃO DA PÁGINA DE UM LIVRO
QUANTIDADE: 77 QUILOS
QUALIDADE: QUADRINISTA
POSIÇÃO: SENTADA
É ISSO QUE CHAMO DE SER EM ATO – O CONTRÁRIO DO SER EM POTÊNCIA...
... AQUILO QUE ALGUÉM PODE SE TORNAR!
TAMBÉM PODEMOS CHAMÁ-LOS DE DIMENSÕES!

A FILOSOFIA DE ARISTÓTELES
O QUE É TORNAR-SE ALGO?
EM OUTRAS PALAVRAS: O QUE É MUDANÇA?
A MUDANÇA É A TRANSIÇÃO DO POTENCIAL PARA UM NOVO PATAMAR DE PERFEIÇÃO
POIS O OBJETIVO DO COSMOS É EVOLUIR SEM PARAR, RUMO À PERFEIÇÃO!
DESSA FORMA, TODAS AS MUDANÇAS VISAM A UMA PERFEIÇÃO MAIOR!
QUE FILOSOFIA OTIMISTA!
E A DECADÊNCIA? E A MORTE?
homicídio?
guerra?
tsunamis?
ELAS "VISAM A UMA PERFEIÇÃO MAIOR"?
TALVEZ ARISTÓTELES NUNCA TENHA SOFRIDO DESSA FORMA!
OU ele via o panorama geral: tudo se desenvolve para alcançar um patamar mais alto no final...
UM BLOCO DE MÁRMORE...
... TORNA-SE UMA ESCULTURA!
O OBJETIVO SUPREMO (TELOS) DA PEDRA ERA SE TORNAR ESTA OBRA DE ARTE, DE ACORDO COM A VISÃO DO ARTISTA-CRIADOR.
TUDO TEM O SEU TELOS:
um OVO se torna um PÁSSARO
uma SEMENTE se torna uma ÁRVORE
um BEBÊ se torna um HOMEM

QUAL O OBJETIVO DA EXISTÊNCIA HUMANA?
O OBJETIVO DA ÁRVORE É SER A MELHOR ÁRVORE POSSÍVEL!
DA MESMA FORMA, O OBJETIVO DO HOMEM É SER UM SER HUMANO TÃO BOM QUANTO POSSÍVEL!
MAS COMO?
DE TRÊS MANEIRAS:
1 ESTUDANDO A FILOSOFIA E A CIÊNCIA
EDUCAÇÃO!
CONHECE-TE A TI MESMO!
2 PELA FRONÉSIS
OU INTELIGÊNCIA MORAL!
NÃO O CONHECIMENTO TEÓRICO, MAS A SABEDORIA PRÁTICA.
SENSO COMUM, MESMO!
TENTAR PAUTAR AS PRÓPRIAS AÇÕES E AS DOS OUTROS PELA REFLEXÃO – A MEDIAÇÃO CONSTANTE ENTRE AS REGRAS GERAIS E A NOSSA SITUAÇÃO ÚNICA.
3 APROVEITANDO A VIDA
ISSO!
NÃO É DISSO QUE A VIDA É FEITA?
TUDO COM MODERAÇÃO, É CLARO!
QUEM VIVER ASSIM CONHECERÁ A EUDEMONIA OU FELICIDADE.
Bem, parece viável, não é?

E ISSO É SÓ UMA FRAÇÃO DE TUDO O QUE ARISTÓTELES ESCREVEU E PENSOU!
ELE TAMBÉM É CONHECIDO PELO MODO SISTEMÁTICO COM QUE ESTUDAVA OS FENÔMENOS NATURAIS – O MÉTODO CIENTÍFICO, BASEADO NA OBSERVAÇÃO E NA LÓGICA, IGUAL AO QUE USAMOS HOJE EM DIA!
A MENTE PODE APRENDER QUALQUER COISA!
EMPIRISMO
ANÁLISE
INDUÇÃO + DEDUÇÃO
A MAIOR PARTE DO SEU TRABALHO FOI PERDIDA, O QUE RESTOU SÃO PRINCIPALMENTE ANOTAÇÕES DE AULA E OUTROS ESCRITOS QUE ELE MESMO FEZ PARA SEU USO!
Que produção!
TAMBÉM PUBLIQUEI UM MONTE DE LIVROS COMO ESTE AQUI, QUE VOCÊ NUNCA VAI VER!
DIÁLOGOS
SÉCULOS DEPOIS, A OBRA DE ARISTÓTELES FOI "REDESCOBERTA" NO OCIDENTE E SE TORNOU A BASE DO PENSAMENTO OCIDENTAL!
Traduzi-a do grego para o árabe!
Traduzimo-la do árabe para o latim!
Para que eu pudesse basear nela a minha própria obra!
AVERRÓIS
Filósofo árabe
Século XII
DOMINICANOS
Séculos
XII/XIII
TOMÁS DE AQUINO
Século XIII

VOCÊ DIZ BASTANTE "EU ACHO" E "NA MINHA OPINIÃO" NO SEU LIVRO...
... MAS QUEM É VOCÊ?
E O QUE A FAZ PENSAR QUE É UMA *EXPERT* EM FILOSOFIA?
HÃ!

CONHECER A MIM MESMA
PARA UM FILÓSOFO, É MUITO MAIS IMPORTANTE CONHECER A SI MESMO DO QUE CONHECER AS OBRAS DOS OUTROS.
MAS O QUE É CONHECER A SI MESMO?
COMO OS HUMANOS CONHECEM A SI MESMOS?
COMO EU CONHEÇO A MIM MESMA?
O QUE NOS TORNA O QUE SOMOS?
VEJA ESTA ÓTIMA CITAÇÃO DO SEGUNDO LIVRO DO HARRY POTTER...:
"NÃO SÃO AS NOSSAS ATITUDES QUE MOSTRAM QUEM REALMENTE SOMOS, HARRY, SÃO NOSSAS ESCOLHAS."
Dumbledore para Harry em A Câmara Secreta
... HARRY POTTER...?!
CÉTICO
SIM, POR QUE NÃO? A SABEDORIA NÃO É EXCLUSIVIDADE DOS ESCRITOS DOS FILÓSOFOS, SABIA?
QUAIS SÃO AS ESCOLHAS QUE DIZEM QUEM REALMENTE SOU?
Na infância, quase todas as decisões significativas eram tomadas pelos meus pais...
Mas acho que era minha escolha como lidar com as decisões deles...
Então decidi ir morar em Amsterdam para estudar...
O que isso diz sobre mim?
Que sou uma garota da cidade?
Ou quero ser uma?
Mas isso tudo é um traço essencial do meu ser ou é "acidental", como diz Aristóteles?
Quantas escolhas fazemos conscientemente - e quantas são determinadas pelo acaso ou pelos outros?

ESCOLHA ① - COMO LIDAR COM O DIVÓRCIO DOS MEUS PAIS?

ESCOLHA ② - QUANDO DEIXEI A ESCOLA, TIVE DE ESCOLHER ENTRE DOIS "CENÁRIOS".

ESCOLHA 3 - O QUE VOU ESTUDAR?
LOGO AO SAIR DA ESCOLA:
QUERO ALGO CRIATIVO! E COM CERTEZA NÃO ESTUDAREI TEOLOGIA COMO O RESTO DA MINHA FAMÍLIA!
NFTVA AMSTERDAM
301
VIVA! FUI ACEITA NA ACADEMIA DE CINEMA!
TV
ARGH!
Não sei FAZER isso! E não GOSTO disso!
DEPOIS DE DOIS ANOS:
PRECISO DE CONHECIMENTO!
TEMAS CLÁSSICOS!
LÍNGUAS!
FILOSOFIA!
ACHO QUE VOU ESTUDAR TEOLOGIA, NO FIM DAS CONTAS!
Se a minha família consegue...
ESCOLHA 4 - RELACIONAMENTOS
SERÁ QUE ESCOLHEMOS OS NOSSOS PARCEIROS CONSCIENTEMENTE, OU É SÓ QUESTÃO DE QUEM CALHA DE APARECER NO NOSSO CAMINHO?
No meu caso, fiz a escolha consciente de ficar com tipos esquisitões e mal-afamados!
sem-teto
maníaco--depressivo
ficha criminal
muito mais velho do que eu
TODOS HOMENS COM UM HISTÓRICO E TANTO!
ATÉ QUE EU CONHECI VOCÊ, QUERIDO! VOCÊ É BEM NORMAL!
EI! RETIRE O QUE DISSE!
ESCOLHA 5 - QUAL SERÁ A MINHA PROFISSÃO?
DEPOIS DE NOVE ANOS DE ESTUDO:
É, FOI DIVERTIDO FAZER TEOLOGIA - E AGORA, VAMOS MUDAR COMPLETAMENTE!
MA
UNIVERSIDADE DE AMSTERDAM
SEREI QUADRINISTA!
Você é louca!
Você não desenha!
Que desperdício!
DEPOIS DE CINCO ANOS:
POSSO DEIXAR MEU TRABALHO DE MEIO PERÍODO AGORA!
EU CONSEGUI!
SOU QUADRINISTA EM TEMPO INTEGRAL!

O QUE ESSAS ESCOLHAS DIZEM SOBRE MIM?
TENHO A TENDÊNCIA DE BUSCAR O INCOMUM, O DESCONHECIDO
MAS AO MESMO TEMPO QUERO SENTIR QUE ESTOU ENRAIZADA NA TRADIÇÃO – FAMÍLIA, CASAMENTO, SAÚDE!
PERIGOSO
DESCONHECIDO
FAMILIAR E SEGURO
E COMO ESSAS ESCOLHAS ME TORNARAM MAIS SÁBIA?
SOBRE O AMOR
SOBRE AS PESSOAS À MARGEM DA SOCIEDADE?
ANDARILHOS?
SOBRE DEUS?
ELE EXISTE OU NÃO?
AS PESSOAS QUE PARECEM "ADEQUADAS" ÀS VEZES NÃO SÃO, E VICE-VERSA!
Tudo depende das pessoas envolvidas
CRIMINOSOS?
CADA CASO É ÚNICO!
Um homem é mais do que seu crime!
Ninguém é 100% malvado!
O QUE QUER DIZER COM "EXISTE"?
OU "DEUS"?
Ele não transcende definições, por definição?
ENTÃO...
SÓCRATES ESTAVA CERTO!
QUANTO MAIS VIVO, MAIS SEI QUE NADA SEI!
E ESSE NÃO SABER É A MARCA DO BOM FILÓSOFO...
EU ACHO...
DIRIA...
Quanto mais conhecimento você tem sobre certo assunto, mais sutil e matizada é a sua opinião!
ENTÃO, NUNCA ACREDITE EM AFIRMAÇÕES ABSOLUTAS!
... nem mesmo nesta!
... MAS QUEM SOU EU...?

A FILOSOFIA MEDIEVAL

IDADE MÉDIA? ACABAMOS DE SAIR DO SÉCULO V A.C.!
CERTO, VAMOS DAR UMA OLHADINHA NOS SÉCULOS QUE PULAMOS...
séculos V/IV a.C.
0
INÍCIO DO CRISTIANISMO
33
ERA DE OURO DO IMPÉRIO ROMANO
século all d.C.
AGOSTINHO Bispo, padre, neoplatonista
354 -430
O CRISTIANISMO se torna a religião oficial do Império Romano
380
OS MOSTEIROS se tornam os centros do conhecimento e da educação
QUEDA do IMPÉRIO ROMANO
476
ASCENÇÃO do ISLÃ
632
CARLOS MAGNO encoraja o desenvolvimento da ciência e da cultura na Europa ocidental
787
ERUDITOS MUÇULMANOS traduzem as obras da Grécia antiga para o árabe
± 800
TOMÁS DE AQUINO
1225-1274

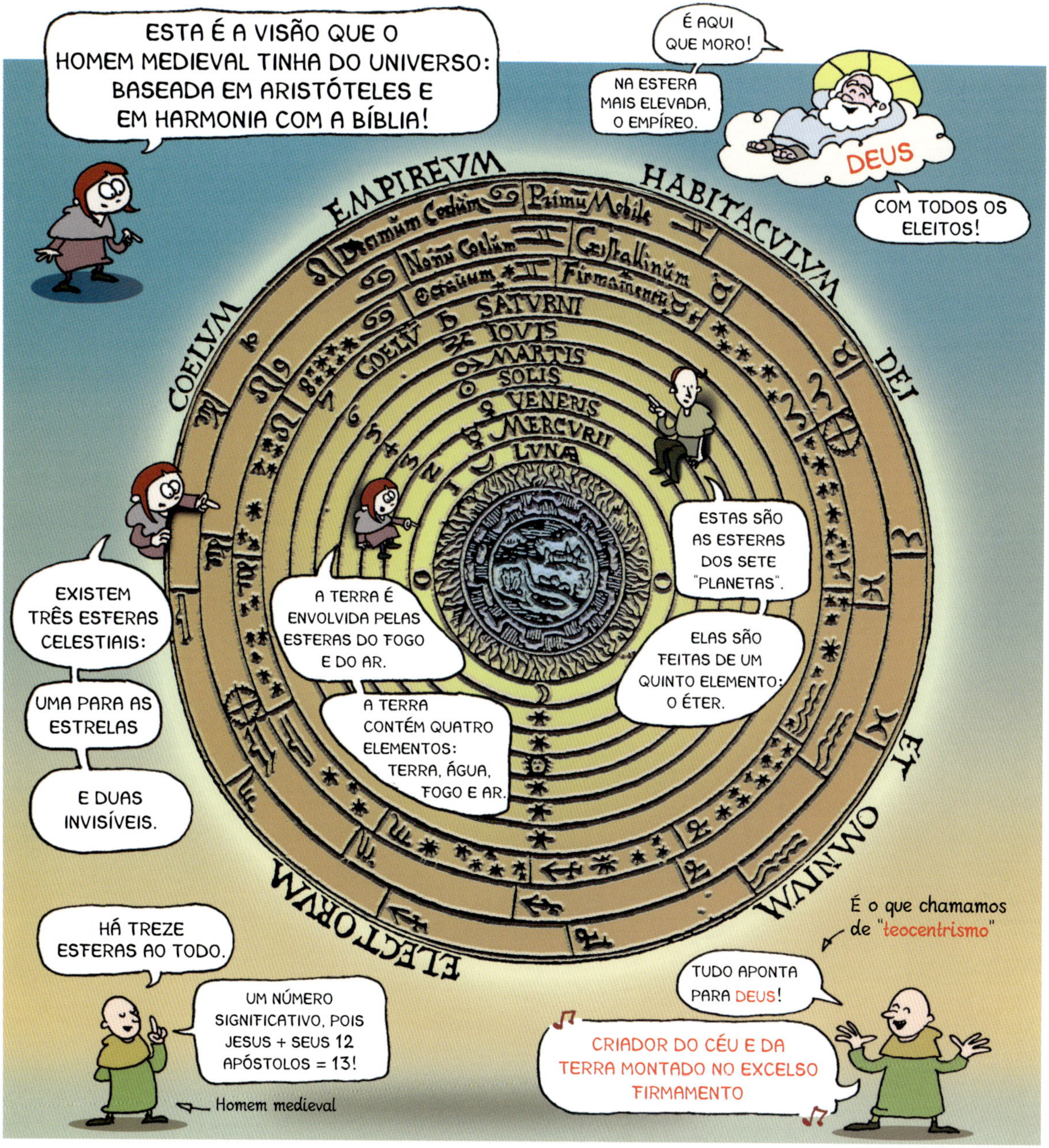
ESTA É A VISÃO QUE O HOMEM MEDIEVAL TINHA DO UNIVERSO: BASEADA EM ARISTÓTELES E EM HARMONIA COM A BÍBLIA!
É AQUI QUE MORO!
NA ESFERA MAIS ELEVADA, O EMPÍREO.
DEUS
COM TODOS OS ELEITOS!
EMPIREVM HABITACVLVM DEI ET OMNIVM ELECTORVM COELVM
SATVRNI
IOVIS
MARTIS
SOLIS
VENERIS
MERCVRII
LVNÆ
ESTAS SÃO AS ESFERAS DOS SETE "PLANETAS".
EXISTEM TRÊS ESFERAS CELESTIAIS:
UMA PARA AS ESTRELAS
E DUAS INVISÍVEIS.
A TERRA É ENVOLVIDA PELAS ESFERAS DO FOGO E DO AR.
A TERRA CONTÉM QUATRO ELEMENTOS: TERRA, ÁGUA, FOGO E AR.
ELAS SÃO FEITAS DE UM QUINTO ELEMENTO: O ÉTER.
HÁ TREZE ESFERAS AO TODO.
UM NÚMERO SIGNIFICATIVO, POIS JESUS + SEUS 12 APÓSTOLOS = 13!
Homem medieval
É o que chamamos de "teocentrismo"
TUDO APONTA PARA DEUS!
CRIADOR DO CÉU E DA TERRA MONTADO NO EXCELSO FIRMAMENTO

ELES ACREDITAVAM NISSO? QUE BOBAGEM!
BEM...
LEVANDO EM CONTA O QUE ELES SABIAM SOBRE O UNIVERSO E O QUE ERAM CAPAZES DE OBSERVAR, ATÉ QUE ERAM BEM ENGENHOSOS!

E MAIS...
COMO PODEMOS TER CERTEZA DE QUE A NOSSA VISÃO DE MUNDO É CORRETA? ELA TAMBÉM É FEITA DE TEORIAS CONTESTÁVEIS.
QUEM SABE? TALVEZ, DAQUI A 500 ANOS, DIGAM:
HA! REPARE NAS TENTATIVAS DE DESCREVER OS PRINCÍPIOS ESSENCIAIS DO UNIVERSO ATRAVÉS DE MERAS FÓRMULAS!
ELES NEM CONHECIAM O EXP!ZWORP BEM NO CENTRO DO UNIVERSO!
"espaço-tempo"
"e = mc²"
Quanta bobagem!
ha ha
"matéria"
"quantum"
STEPHEN HAWKING
ALBERT EINSTEIN
EXP! ZWORP

FILOSOFIA MEDIEVAL =

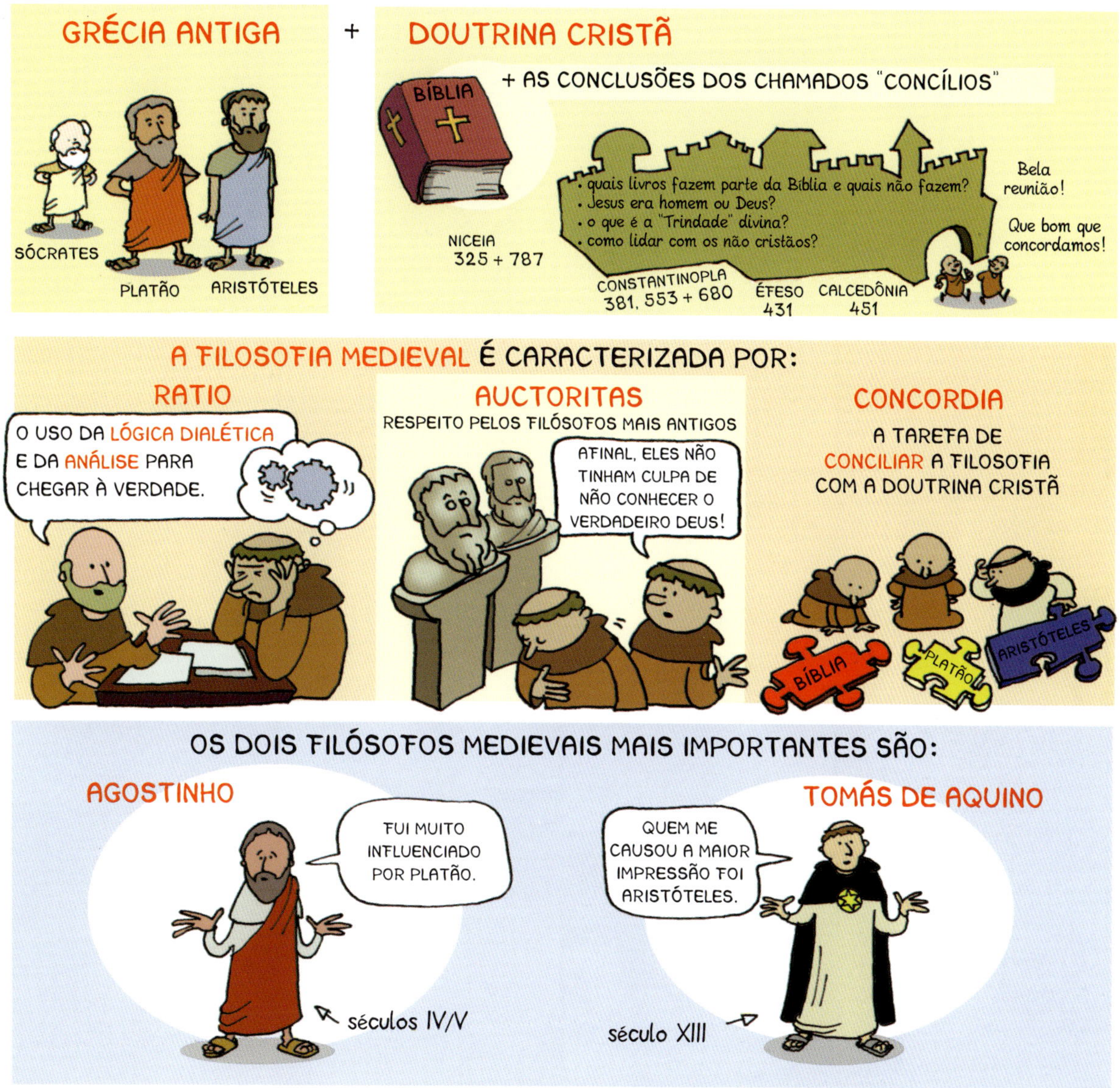

A VIDA DE
AGOSTINHO
13 DE NOV., 354 – 28 DE AGO., 430
AGOSTINHO NASCEU EM TAGASTA, NO NORTE DA ÁFRICA – NAQUELA ÉPOCA, PROVÍNCIA DO IMPÉRIO ROMANO.
Patrício (conselheiro bérbere)
Mônica (cristã)
ELE CRESCEU NUM LAR POBRE, COM UMA MÃE DEVOTA E UM PAI VIOLENTO.
O melhor para a mulher é permanecer em silêncio: assim, Deus faz com que o marido dela perceba mais rápido os seus próprios erros!
AGOSTINHO TEVE UMA BOA EDUCAÇÃO, EXCETO AOS 16 ANOS, QUANDO ACABOU O DINHEIRO.
Ele está roubando, bebendo e se envolvendo com garotas!
Tome um pouco de dinheiro e mande-o de volta para a escola!
AOS 21 ANOS, SE TORNOU PROFESSOR DE RETÓRICA
E creio no maniqueísmo! Gosto da explicação clara do bem e do mal!
Filho, por que não vira cristão? Foi assim que o criei!
ELE TINHA UMA NAMORADA COM A QUAL TEVE UM FILHO. MAIS TARDE, ESCREVEU QUE NESTE PERÍODO ELE ERA "FESTEIRO E DESONESTO".
– Eu gostava principalmente de SEXO!
EM 383 ELE FOI PARA A ITÁLIA ENSINAR RETÓRICA NA CORTE DE MILÃO.
Não gosto tanto assim do maniqueísmo, no fim das contas. As ideias de Platão são muito melhores!
– Também gosto bastante dos sermões de Ambrósio!
PLATÃO
SUA MÃE ARRANJOU-LHE UM CASAMENTO E MANDOU A SUA NAMORADA EMBORA.
Estivemos juntos por 13 anos! Temos um filho! Ela sempre será o amor da minha vida!
NÃO HOUVE CASAMENTO, MAS ELE NÃO VOLTOU COM A NAMORADA – ARRANJOU OUTRA AMANTE.
EM 386, TEVE UMA REVELAÇÃO QUE O CONVERTEU PARA O CRISTIANISMO.
"Como de dia, andemos decentemente; não em orgias e bebedeiras, nem em devassidão e libertinagem, nem em rixas e ciúmes. Mas vesti-vos do Senhor Jesus Cristo e não procurei satisfazer os desejos da carne."
ROM 13, 13-14
TORNOU-SE PADRE E DEPOIS BISPO DE HIPONA. ERA FAMOSO PELOS EXCELENTES SERMÕES E PELA ATIVIDADE PASTORAL.
Escreveu mais ou menos 6.000 sermões, dos quais 600 sobreviveram
ERA UM FILÓSOFO ORIGINAL E NÃO TINHA MEDO DE REVER SUAS IDEIAS.
RETRATAÇÕES
Coisas que hoje eu mudaria no que escrevi
MORREU EM HIPONA AOS 73 ANOS, POUCO ANTES DA INVASÃO DOS VÂNDALOS.
... que destruíram quase tudo...
... menos a igreja de Agostinho!

A TEOLOGIA/FILOSOFIA DE AGOSTINHO
A MEU VER, FILOSOFIA E TEOLOGIA SÃO A MESMA COISA!
QUANDO EU ERA JOVEM E LIBERTINO, ACREDITAVA NO MANIQUEÍSMO...
... ESSA RELIGIÃO DIZ QUE O MAL EXISTE MESMO, ASSIM COMO O BEM, E TENTA CONSTANTEMENTE SEDUZIR O HOMEM.
Ó DEUS, O QUE ESTOU FAZENDO?
SÓ PODE SER AQUELE MAL TERRÍVEL ME FORÇANDO DE NOVO!
REZAREI PARA QUE DEUS ME TORNE PURO E CASTO
... MAS NÃO AGORA!
MAS ENTÃO COMECEI A LER PLATÃO:
O MAL NÃO É UMA ENTIDADE AUTÔNOMA, É A AUSÊNCIA DO BEM; O MAL EXISTE NO MUNDO PORQUE NÃO USAMOS BEM A NOSSA VONTADE!
MAS... ISSO ME TORNA RESPONSÁVEL PELOS MEUS PECADOS!
Ei, o que você está fazendo?

A VIRTUDE É O BOM USO DA VONTADE HUMANA!
DEUS PODERIA TER CRIADO UM MUNDO SEM O MAL, MAS PARECE QUE ELE ACHOU QUE SERIA MELHOR CRIAR UM MUNDO ONDE O BEM É UMA ESCOLHA NOSSA.
Agostinho depois da conversão
ESSE ASSUNTO AINDA É DISCUTIDO EM ALGUNS CÍRCULOS CRISTÃOS HOJE EM DIA: "SE DEUS É ONIPOTENTE, POR QUE NÃO CRIOU UM MUNDO PERFEITO?!"
Adoro o jeito como ele prega!
EU NÃO SABIA QUE AGOSTINHO JÁ TINHA A RESPOSTA PARA ESSA PERGUNTA!
UMA QUESTÃO IMPORTANTE NA FILOSOFIA MEDIEVAL ERA A RELAÇÃO ENTRE A FÉ E A RAZÃO:
A RAZÃO NOS PERMITE COMEÇAR A ENTENDER DEUS...
O UM (DEUS)
GRAÇA
RAZÃO/ INTELECTO
VONTADE HUMANA
MATÉRIA
... MAS O VERDADEIRO CONHECIMENTO DE DEUS SÓ É ATINGIDO ATRAVÉS DA GRAÇA!
AGOSTINHO NA VERDADE ERA UM MÍSTICO!
OITO SÉCULOS DEPOIS, TOMÁS DE AQUINO DEU MAIS ÊNFASE À RAZÃO HUMANA!
ARISTÓTELES

A VIDA DE
TOMÁS DE AQUINO
28 DE JAN., 1225 - 7 DE MAR., 1274
TOMÁS NASCEU NO CASTELO ROCCASECCA, PERTO DE NÁPOLES, NA ITÁLIA.
Mais um filho!
Esse vai ser beneditino!
AOS 19 ANOS, ELE ENTROU NA ORDEM DOMINICANA.
O QUE?! Por que não os beneditinos?
Os dominicanos são muito maia legais! Eles estudam Aristóteles!
EM 1246, ELE FOI A PARIS PARA ESTUDAR COM O FILÓSOFO ALBERTO MAGNO.
Ele sabe tudo sobre Aristóteles! Cheguei a segui-lo até Colônia!
AOS 27 ANOS, COMEÇOU A LECIONAR EM PARIS.
AGORA, PARIS É O CENTRO DO CONHECIMENTO NA EUROPA!
em construção: Notre Dame
ENTRE 1259 E 1265, TRABALHOU NA CORTE PAPAL EM ANAGNI, ITÁLIA.
Ele está sempre falando de Aristóteles!
Mas isso não é uma doutrina pagã?
ENTRE 1269 E 1273, LECIONOU EM PARIS E ESCREVEU SUAS OBRAS MAIS CONHECIDAS.
SUMA TEOLÓGICA
SUMA CONTRA OS GENTIOS
NO FIM DE 1273, PROVAVELMENTE TEVE UM ENFARTO.
... qual o sentido disso tudo...?
EM 7 DE MARÇO DE 1274, TOMÁS DE AQUINO MORREU NA ABADIA DE FOSSANOVA.
TRÊS ANOS DEPOIS, ALGUMAS DE SUAS TESES FORAM CONDENADAS POR ROMA.
Eu não disse?! Aristóteles é muito pagão para o cristianismo!
MAS EM 1323 O VEREDITO FOI RETIRADO E TOMÁS DE AQUINO FOI CANONIZADO.
PLING!
RECONHECIMENTO!
ARISTÓTELES

A FILOSOFIA DE TOMÁS DE AQUINO

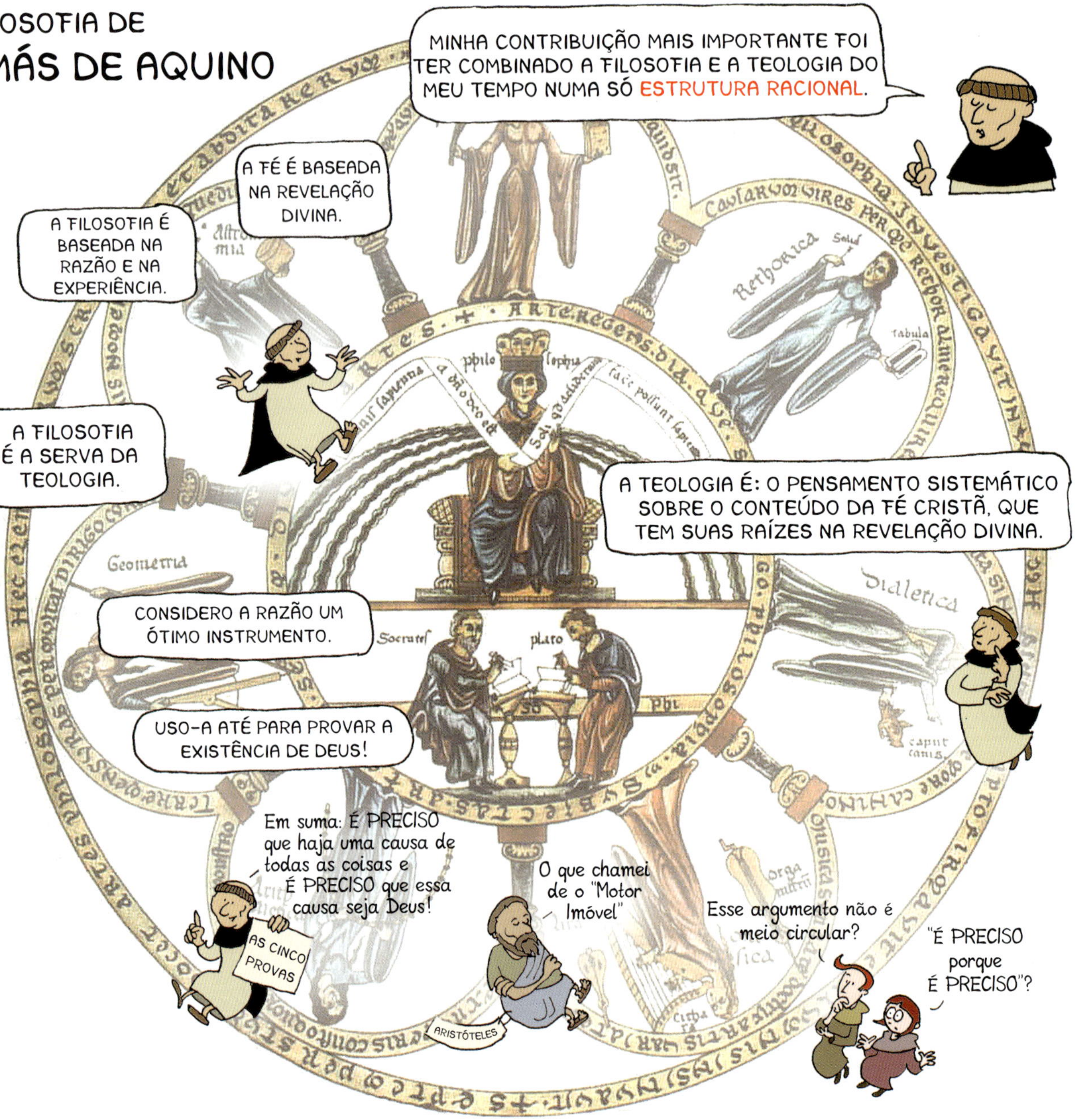

DOUTRINA
CRISTÃ
DEUS
GRAÇA
BÍBLIA
LIVRE-ARBÍTRIO
REVELAÇÃO
RAZÃO
INTELECTO +
EXPERIÊNCIA
FILOSOFIA GREGA
CLÁSSICA

LIVRE-
-ARBÍTRIO

QUANDO EU TINHA VINTE E POUCOS ANOS, FUI PARA OS EUA PLANEJANDO FICAR POR LÁ.
QUAL O PROPÓSITO DA SUA ESTADA?
HUM, FÉRIAS? EH! EH!...
IMIGRAÇÃO
VOU APRENDER MULTIMÍDIA COM UM AMIGO!
ENTÃO VOU TRABALHAR NA EMPRESA DELE!
VIVA! MEU SONHO SE TORNA REALIDADE!!
É isso que eu realmente QUERO!!
DUAS SEMANAS DEPOIS, NO ENTANTO...
O QUE ESTOU FAZENDO AQUI?
ESTE NÃO É O MEU LUGAR!
QUERO VOLTAR PARA AMSTERDAM!
ESTE NÃO PODE SER O MEU CAMINHO!
MAS EU PENSEI QUE ESSE ERA O MEU SONHO!!
Por que me sinto como se fosse SUGADA DE VOLTA?
A PREDESTINAÇÃO EXISTE, AFINAL?
E será que meu destino é ficar na Holanda?
O SEU KARMA PREDESTINOU UM CAMINHO PARA VOCÊ
MAS VOCÊ PODE, COM O LIVRE-ARBÍTRIO, ESCOLHER OUTRO CAMINHO!
o amigo americano (budista e executivo)
A MINHA VONTADE NÃO É FORTE O SUFICIENTE?
SOU GOVERNADA POR UM PADRÃO FIXO?
A AUTONOMIA É UMA ILUSÃO?

TUDO É PREDESTINADO?
TUDO O QUE EU VOU SENTIR, DIZER OU FAZER...
... É DECIDIDO NO PRESENTE!
através da minha criação, educação e experiência!
ISSO NÃO SIGNIFICA QUE TUDO ESTÁ DETERMINADO?!
NAH
ATÉ A IDEIA DE TERMOS O LIVRE--ARBÍTRIO...
... É DITADA PELA CULTURA NA QUAL FUI PREDESTINADA A NASCER!
MEU FUTURO ESTÁ DETERMINADO E NÃO POSSO FAZER NADA!
CHUÁ!
QUE PENA QUE VOCÊ ESTAVA PREDESTINADA A SER ENSOPADA ASSIM! BEM, ESSE É O SEU DESTINO!
TENHO CERTEZA DE QUE O SEU LIVRE-ARBÍTRIO TEVE PARTE NESSE ATO "PREDESTINADO"!
Sério?
EU DIRIA QUE VOCÊ ESTAVA PREDESTINADA A REVER A SUA FÉ NO DESTINO!

COM O QUE O SEU LIVRE-ARBÍTRIO SE PARECE?

COM UM BARQUINHO NUMA CORREDEIRA?

LIVRE-
-ARBÍTRIO
CULTURA
CRIAÇÃO
PERSONALIDADE

NÃO SEI COMO CONTINUAR A PARTIR DAQUI!

VOCÊ EMPACOU?
MOSTREI COMO A FILOSOFIA GREGA SE MISTUROU COM O CRISTIANISMO...
DEU-SE NOVA ÊNFASE AO PODER DA RAZÃO.
Uau, sexy!
RAZÃO
AGORA ESTAMOS NUMA IMPORTANTE VIRADA DA HISTÓRIA!
ESSA É A ERA DAS:
DESCOBERTAS CIENTÍFICAS
RIXAS ENTRE A CIÊNCIA E A RELIGIÃO
A TERRA ORBITA O SOL!
Veja!
DE JEITO NENHUM!!
DISCUSSÕES NA IGREJA
COMO PODE A IGREJA PERDOAR OS NOSSOS PECADOS?
Isso não cabe a Deus?
E POR QUE NÃO TRADUZIMOS A BÍBLIA PARA QUE TODOS POSSAM LÊ-LA?
MARTINHO LUTERO
- POR QUE VOCÊ NÃO FUNDA A SUA PRÓPRIA IGREJA, ORA BOLAS?!
MAS QUAIS FILÓSOFOS DEVEM SER MECIONADOS?
Essa época foi cheia de teólogos e cientistas famosos...

Sócrates Platão Aristóteles
NOITE DOS TEMPOS
AGOSTINHO
TOMÁS DE AQUINO
GALILEU GALILEI 1564-1642
DESCREVEU COMO A TERRA GIRA EM TORNO DO SOL, O QUE O INDISPÔS COM A IGREJA
ISAAC NEWTON 1643-1727
AQUELE QUE "INVENTOU" A GRAVIDADE
CHARLES DARWIN 1809-1882
ESCREVEU A TEORIA DA EVOLUÇÃO
LEONARDO DA VINCI 1452-1519
"HOMEM UNIVERSAL"
MARTINHO LUTERO 1483-1546
CRITICOU A IGREJA, LEVANDO AO CISMA ENTRE PROTESTANTES E CATÓLICOS
CIÊNCIA
O problema não é a Terra e o Sol...
É sim que a Igreja está sempre certa, independentemente de qualquer coisa!
Por que eles não entendem?
IGREJA PROTESTANTE
IGREJA CATÓLICA ROMANA
JOÃO CALVINO 1509-1564
PREGAVA A DOUTRINA DA PREDESTINAÇÃO: O DESTINO DO HOMEM APÓS A MORTE JÁ ESTÁ DETERMINADO; DEUS NÃO PODE SER SUBORNADO
DURANTE SÉCULOS, A FÉ, A ARTE E A CIÊNCIA TRABALHARAM JUNTAS NUMA UNIDADE! DE REPENTE, PASSARAM A OCORRER DIVISÕES DE TODO TIPO!

POR QUE VOCÊ NÃO ENFOCA UMA REGIÃO ESPECÍFICA?
O QUE ESTAVA ACONTECENDO NA HOLANDA DURANTE OS SÉCULOS XVI E XVII?
EI!
VOCÊ SABIA QUE TRÊS FILÓSOFOS IMPORTANTES VIVERAM AQUI DURANTE ESSE PERÍODO?

ERASMO, DESCARTES E SPINOZA

A VIDA DE ERASMO
28 DE OUT., 1467? – 12 DE JUL. 1536
DESIDÉRIO ERASMO ERA FILHO ILEGÍTIMO DE UM PADRE. DURANTE TODA A SUA VIDA, EVITOU O ASSUNTO DE SUA JUVENTUDE E ORIGEM.
pai Gerard
mãe Margaretha Rutgers
irmão Pieter
"NASCIDO EM ROTERDAM, CONCEBIDO EM GOUDA"
MAS REALMENTE IMPORTA ONDE ALGUÉM NASCEU?
EM 1488, ELE ENTROU NO MOSTEIRO AGOSTINIANO EM STEIN.
MEUS TUTORES ME OBRIGARAM!
não ligo de ser monge – mas odeio todas essas regras!
EM 1494, FOI ORDENADO PADRE E SE DEVOTOU AOS ESTUDOS. ISSO O LEVOU A PARIS:
VIVA! POSSO ESTUDAR!
COMO NORMA, FILHOS ILEGÍTIMOS NÃO PODEM ENTRAR NA UNIVERSIDADE!
NÃO SOU FÃ DO BLÁ BLÁ BLÁ TEOLÓGICO...
... mas tenho bastante interesse pelos humanistas!
Notre Dame concluída!
LECIONOU E VIAJOU MUITO. FOI, POR EXEMPLO, À INGLATERRA, ONDE CONHECEU THOMAS MORE.
... uma virada na minha vida!
MORE
ERASMO
ESCREVI MEU PRIMEIRO LIVRO EM 1500!
Adágios
Um best-seller!
± 33 anos
EM 1511 FOI PUBLICADO O SEU LIVRO MAIS FAMOSO: O ELOGIO DA LOUCURA.
MORIAE ENCONIUM SIVE LAUS STULTITIAE
ENTRE 1516 E 1521 ELE MOROU NOVAMENTE NA SUA TERRA NATAL, A HOLANDA.
SOU CONSELHEIRO DE CARLOS V! UM TRABALHO TRANQUILO QUE ME DEIXA TEMPO DE SOBRA PARA ESCREVER!
ELE MOROU NA ALEMANHA DURANTE SEUS ÚLTIMOS ANOS DE VIDA.
ENTÃO VOCÊ DEVE TER CONHECIDO MARTINHO LUTERO!
NA VERDADE, NÃO GOSTO MUITO DO LUTERO!
MORREU AOS 70 ANOS EM BASILEIA, NA SUÍÇA.
LIEVE GOD...*
O que ele está falando?
* "DEUS AMADO", em holandês segundo a lenda, essas foram suas últimas palavras.

A FILOSOFIA DE ERASMO
MINHA OBRA MAIS IMPORTANTE É O ELOGIO DA LOUCURA!
NÃO QUE OS MEUS OUTROS TRABALHOS NÃO SEJAM IMPORTANTES, É CLARO!
Modéstia erasmiana
NINGUÉM NUNCA CANTA OS MEUS LOUVORES – ENTÃO VOU FAZÊ-LO EU MESMA:
SEM MIM, O MUNDO JAMAIS PODERIA EXISTIR!
O MUNDO É UM JOGO TOLO DE ENGANAR E SER ENGANADO! TEMOS DE SER UM POUCO LOUCOS PARA NÃO ENDOIDAR COMPLETAMENTE!
STULTITIA
DEUSA DA LOUCURA
COMO É TOLA A VAIDADE DOS POETAS E ESCRITORES!
OS ERUDITOS GOSTAM DE FINGIR QUE SÃO SÁBIOS – QUE TOLICE!
OS NAMORADOS FECHAM OS OLHOS AOS DEFEITOS UNS DOS OUTROS!
OS TEÓLOGOS, OS MONGES, OS BISPOS, OS CARDEAIS E OS PAPAS PREGAM A VIDA DE ACORDO COM A BÍBLIA MAS, NA VERDADE, ENTREGAM-SE A TODOS OS TIPOS DE PRAZER!
DINHEIRO
HILÁRIO!
PARECE QUE O PAPA LEÃO X GOSTOU DO HUMOR!

ERASMO ERA HUMANISTA – NAQUELE TEMPO, O HUMANISMO ERA BEM DIFERENTE DAQUELE DOS DIAS DE HOJE:
HUMANISMO
NAQUELE TEMPO
O ESTUDO DAS FONTES ORIGINAIS DA ANTIGUIDADE E DO CRISTIANISMO
LIBERDADE DA CIÊNCIA E DAS IDEIAS
OPERAVA DENTRO DA IGREJA
AGORA
PROMOÇÃO DA DIGNIDADE HUMANA
FOCO NA LIBERDADE INDIVIDUAL
EXPLICITAMENTE NÃO RELIGIOSO
TOLERÂNCIA
"AD FONTES"!
DE VOLTA ÀS ORIGENS!
POIS A IGREJA BUSCA LIMITAR ESSA LIBERDADE!
DIZEM QUE ABRI CAMINHO PARA A REFORMA...
MAS APOIO TOTALMENTE A UNIDADE DA IGREJA CATÓLICA!
FOI POR ISSO QUE RETRADUZI O NOVO TESTAMENTO...
ISSO NÃO ME IMPORTA MUITO.
EU ERA BASTANTE ANTISSEMITA, POR EXEMPLO!
Mas, na minha época, quem não era?
... E É POR ISSO QUE NÃO GOSTO DE LUTERO!
ELE SE SEPAROU DA IGREJA CATÓLICA E PREGA A FÉ ACIMA DE TUDO...
... MAS E A RAZÃO?
TRAK TA TEN

A VIDA DE DESCARTES
31 DE MAR. 1596 – 11 DE FEV., 1650
RENÉ DESCARTES NASCEU NA FRANÇA, NA VILA DE LA HAYE EN TOURRAINE (HOJE: DESCARTES).
pai Joachim, advogado e juiz
mãe Jeanne, morreu quando René tinha 1 ano
Pierre
Jeanne
ESTUDOU DIREITO NA UNIVERSIDADE DE POITIERS.
Rapaz esperto! Pena que seja tão doente...
Nunca o vejo nas aulas antes do meio-dia!
cof, cof
EM 1618, ALISTOU-SE NO EXÉRCITO DE MAURÍCIO DE NASSAU.
MEU PAI QUER QUE EU ME TORNE ADVOGADO...
... igual a ele! Mas não quero!
EM BREDA (HOLANDA), CONHECEU ISAAC BEECKMAN, QUE O INTRODUZIU À NOVA FÍSICA E MATEMÁTICA.
EM 1628, ESTABELECEU-SE EM DEFINITIVO NA HOLANDA E MOROU EM DEZENAS DE LUGARES DIFERENTES.
NÃO MAIS QUE POUCOS ANOS EM CADA LUGAR!
Sempre em busca de um ar saudável para os meus pulmões doentes!
COM A CRIADA HELEEN JANS, TEVE UMA FILHA CHAMADA FRANCINE.
MAS ELA MORREU QUANDO TINHA APENAS 5 ANOS!
DESCARTES LECIONOU NAS UNIVERSIDADES DE LEIDEN, FRANEKER E UTRETCH.
EM 1643, MINHA FILOSOFIA FOI BANIDA EM UTRETCH!
Tolos!
EM 1637, FOI PUBLICADO O *DISCURSO DO MÉTODO*.
UM MÉTODO NOVO E MATEMÁTICO DE SE PENSAR!
ELE REJEITA ARISTÓTELES!
O que dirá a Igreja sobre isso?
EM 1649, MUDOU-SE PARA A SUÉCIA PARA ENSINAR A RAINHA CRISTINA.
ELA QUER QUE EU ESTEJA PRONTO ÀS 5 DA MANHÃ!
MORREU DE PNEUMONIA EM ESTOCOLMO, AOS 53 ANOS.
Ele é católico e nós, protestantes!
Melhor que o enterremos fora do terreno da igreja!
EM 1663, O PAPA PROIBIU OS LIVROS DE DESCARTES.
IDEIAS PERIGOSAS!

A FILOSOFIA DE DESCARTES

E O CONHECIMENTO LÓGICO?
2 + 3 É 5, NÃO É?
UMA MÃE É MAIS VELHA QUE A SUA FILHA?
UM TRIÂNGULO TEM TRÊS LADOS?
$a^2+b^2=c^2$
A MENOS QUE...
A MENOS QUE UM SUPERSER MALIGNO ESTEJA MANIPULANDO MEUS PENSAMENTOS!
COMO POSSO PROVAR QUE ISSO NÃO É VERDADE?
$a^2+b^2=c^2$
HÁ APENAS UMA CERTEZA:
E ELA É O FATO DE QUE ESTOU PENSANDO SOBRE ESSAS COISAS!
ESSA É A ÚNICA COISA DE QUE POSSO TER CERTEZA!
OBVIAMENTE, EXISTE UM "EU" QUE PENSA TUDO ISSO!
COGITO, ERGO SUM!
O QUE EM LATIM SIGNIFICA...:

PENSO
É a única
coisa na qual
posso me
segurar...
LOGO
EXISTO

MATÉRIA E CONSCIÊNCIA SÃO DUAS COISAS COMPLETAMENTE DIFERENTES E SEPARADAS!
NÃO! O CORPO E O ESPÍRITO SÃO UM EM ESSÊNCIA!
DE JEITO NENHUM! ELAS SÃO SEPARADAS MESMO!
PLATÃO
ARISTÓTELES
DESCARTES
DESCARTES REINTRODUZIU O DUALISMO NA FILOSOFIA...
... E SPINOZA, MESMO SIMPATIZANDO COM O RACIONALISMO DE DESCARTES, SE AFEIÇOAVA MAIS À IDEIA DA UNIDADE DO CORPO E DO ESPÍRITO!

A VIDA DE SPINOZA
24 DE NOV., 1632 – 21 DE FEV., 1677
SPINOZA NASCEU EM AMSTERDAM, FILHO DE JUDEUS PORTUGUESES.
Pai Miguel, comerciante
Mãe Hanna, morreu quando Spinoza tinha 6 anos
Miriam
Isaac
EM 1656, QUANDO BARUCH DE SPINOZA TINHA 23 ANOS, ELE FOI EXPULSO DA COMUNIDADE JUDAICA.
PORQUE VOCÊ NÃO OBEDECE NOSSAS LEIS DE HERANÇA!
E SUAS IDEIAS SÃO CONTROVERSAS! NÃO PODEMOS CORRER O RISCO DE NOS INDISPOR COM O MUNICÍPIO DE AMSTERDAM!
TUDO BEM!
Afinal de contas, somos judeus! Temos de tomar cuidado o tempo todo!
A PARTIR DE AGORA, VOU ME CHAMAR BENEDICTUS DE SPINOZA !
VIVIA FRUGALMENTE COMO FABRICANTE DE LENTES. NÃO SE CASOU, MAS TINHA MUITO AMIGOS.
SUAS LENTES SÃO PERFEITAS!
ELE ESCREVE TEXTOS MARAVILHOSOS, ESPECIALMENTE SOBRE A LIBERDADE DE EXPRESSÃO!
Constantijn Huygens
Prefeito de Amsterdam
EM 1669, DEIXOU AMSTERDAM E FINALMENTE ESTABELECEU-SE NA CIDADE DE HAIA.
NÃO TENHO MUITOS BENS, MAS SOU MUITO LIGADO À CAMA DE DOSSEL DOS MEUS PAIS.
EM 1670, PUBLICOU, ANONIMAMENTE, O TRATADO TEOLÓGICO-POLÍTICO.
QUE SE DANE A LIBERDADE DE EXPRESSÃO! NUMA CRISE DE GUERRA, NINGUÉM PODE SAIR FALANDO O QUE BEM ENTENDER!
Quem poderia ser?
Oops!
EM 1672, TESTEMUNHOU O ASSASSINATO DOS IRMÃOS DE WITT, QUE O DEIXOU MUITO ABORRECIDO.
BÁRBAROS! VOU PUBLICAR ESTE CARTAZ!
NÃO FAÇA ISSO, BENTO! É PERIGOSO DEMAIS!
ULTIMI BARBARORUM !!!
MORREU EM 1677, AOS 44 ANOS, DE UMA DOENÇA PULMONAR.
DEVE TER SIDO O PÓ DAS LENTES!
Ele sempre teve constituição fraca!
NO MESMO ANO, SEUS ESCRITOS FORAM PUBLICADOS POSTUMAMENTE.
B. D. S.
OPERA
POSTHUMA,
CIↃ IↃ C LXXVII.

A FILOSOFIA DE SPINOZA

TRÊS EMOÇÕES FUNDAMENTAIS
DESEJO: ter consciência da ânsia de viver
ALEGRIA: sentir-se progredindo na vida
TRISTEZA: sentir-se em desvantagem na vida
COM ESSE CONHECIMENTO, APRENDEMOS A CONHECER NOSSAS PAIXÕES!
LIBERDADE
BENE AGERE ET LAETARI!
Fazer o bem e alegrar-se!
Não acredito no Livre-arbítrio!
Tudo é um resultado necessário das Causas e Efeitos!
Liberdade é viver de acordo com a causa e os efeitos da nossa Própria Natureza em vez de seguir regras exteriores a nós.
(Isso significa que temos, na vida, a Responsabilidade de conhecer a nossa Própria Natureza!)
VEJA!
ELE DIZ O MESMO QUE SÓCRATES!
"CONHECE-TE A TI MESMO."

O QUE É A REALIDADE?

A REALIDADE? NÃO É A NOSSA PERCEPÇÃO, NEM MESMO A NOSSA INTERPRETAÇAO DA PERCEPÇÃO – NÃO, É O MUNDO LUMINOSO DAS IDEIAS PURAS E ABSOLUTAS!
PLATÃO
A REALIDADE? PODEMOS ACASO CONFIAR EM NOSSOS SENTIDOS? COMO SABER COM CERTEZA QUE NÃO É TUDO UM SONHO?
uma alucinação?
uma ilusão?
um programa de computador com máquinas que drenam nossa energia?
como em Matrix?
DESCARTES
A REALIDADE? ATÉ O DR. PHIL DIZ:
NÃO EXISTE REALIDADE, SOMENTE PERCEPÇÃO!
ACASO EXISTE UMA ÚNICA REALIDADE OBJETIVA E ABSOLUTA?

NÃO VIVEMOS TODOS ENTRE AS MESMAS PARTÍCULAS DE MATÉRIA?
ESTOU VENDO UMA ÁRVORE! SERÁ QUE TODOS NÃO VEEM A MESMA COISA?
BEM...
VEJO UM AMONTOADO DE PARTÍCULAS ASSOCIANDO-SE PARA INCORPORAR A IDEIA DE UMA ÁRVORE.
Não é uma ilusão, ou é?
Partículas que, com o tempo, vão incorporar outras ideias diferentes...
"mesa"
"lenha"
"energia térmica"

MUITO BEM DITO, MAS NÃO CONTINUAMOS OLHANDO JUNTOS PARA UMA ÁRVORE?
ESTA ÁRVORE É, REAL E OBJETIVAMENTE, UMA ÁRVORE – PARA QUALQUER SER!
SERÁ MESMO?
SERÁ QUE O RÓTULO "ÁRVORE" NÃO É SUBJETIVAMENTE HUMANO?
O QUE UM PÁSSARO VÊ?
E UM ESQUILO? SERÁ QUE A VÊ COMO NÓS?
COMO UMA LAGARTA A VÊ?
QUAL DESSAS REALIDADES É MAIS REAL?

MAS NÃO EXISTE UMA ÚNICA REALIDADE OBJETIVA? EMBORA CADA UM DE NÓS A VEJA DO SEU PONTO DE VISTA SUBJETIVO?
SE EXISTE, JAMAIS PODEREMOS CONHECÊ-LA TAL COMO É, SEM OS FILTROS SUBJETIVOS DOS NOSSOS SENTIDOS.
REALIDADE
ESSE ARGUMENTO NÃO ESTÁ BEM APRESENTADO! NÓS NÃO SOMOS OBSERVADORES QUE VEEM A REALIDADE DE FORA...

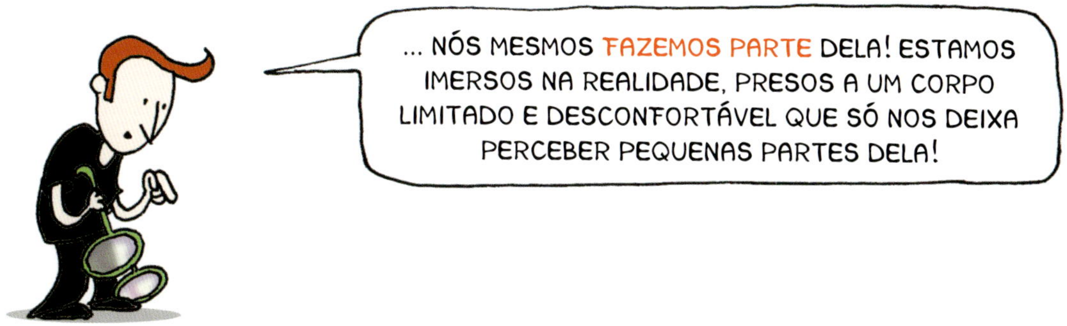
... NÓS MESMOS FAZEMOS PARTE DELA! ESTAMOS IMERSOS NA REALIDADE, PRESOS A UM CORPO LIMITADO E DESCONFORTÁVEL QUE SÓ NOS DEIXA PERCEBER PEQUENAS PARTES DELA!

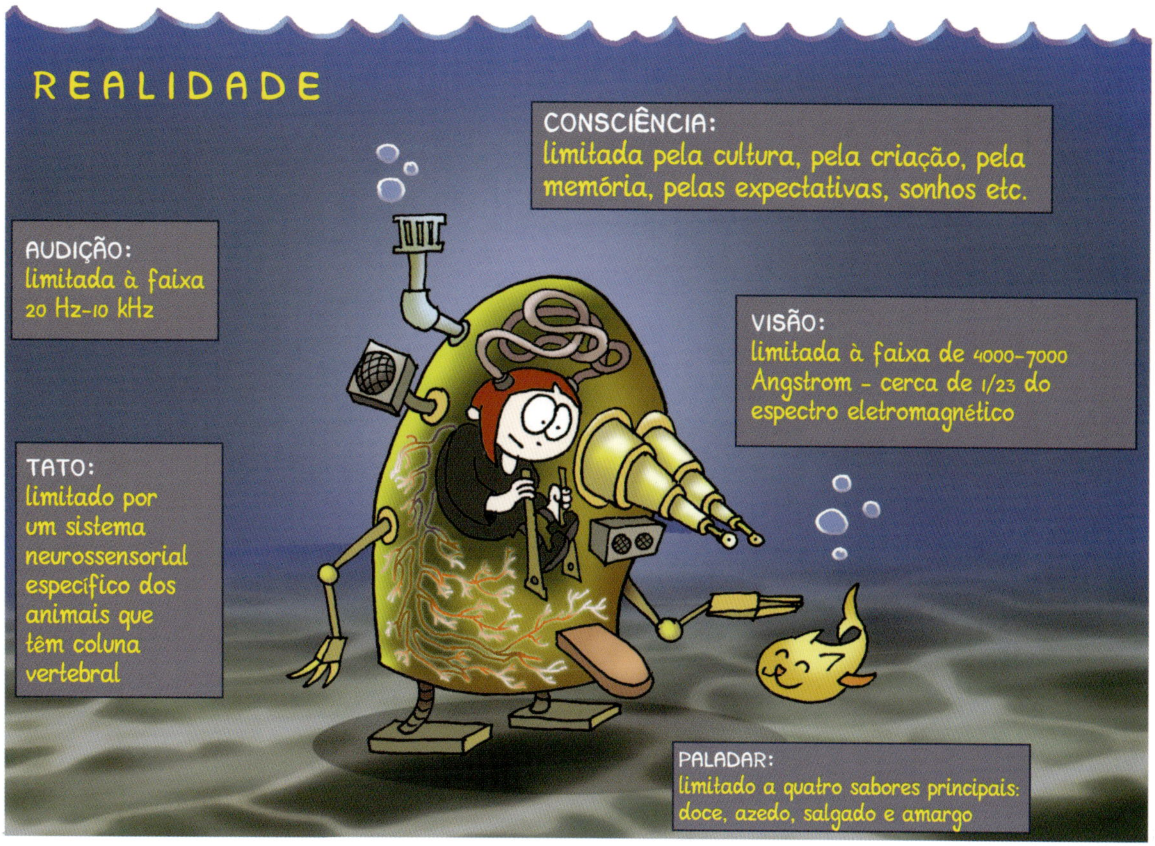
REALIDADE
CONSCIÊNCIA: limitada pela cultura, pela criação, pela memória, pelas expectativas, sonhos etc.
AUDIÇÃO: limitada à faixa 20 Hz-10 kHz
VISÃO: limitada à faixa de 4000-7000 Angstrom - cerca de 1/23 do espectro eletromagnético
TATO: limitado por um sistema neurossensorial específico dos animais que têm coluna vertebral
PALADAR: limitado a quatro sabores principais: doce, azedo, salgado e amargo

NA VERDADE, A QUESTÃO DA REALIDADE OBJETIVA NÃO É MUITO INTERESSANTE...
porque jamais descobriremos como ela é
NOSSA REALIDADE COTIDIANA É O FATO DE LIDARMOS COM TODAS ESSAS REALIDADES INDIVIDUAIS, SUBJETIVAS!
O QUE, LÁ NO FUNDO, NOS TORNA A TODOS MUITO SOLITÁRIOS...

TODOS NÓS SOMOS ISOLADOS PELA NOSSA EXPERIÊNCIA INDIVIDUAL DO MUNDO AO NOSSO REDOR!
E TODOS NÓS GOSTARÍAMOS DE PARTILHÁ-LA COM OS OUTROS! QUEREMOS QUE A NOSSA PERSPECTIVA SINGULAR SEJA RECONHECIDA E ACEITA!
É POR ISSO QUE APRECIAMOS A ILUSÃO DE QUE TODOS PARTILHAMOS A PERCEPÇÃO DE UMA ÚNICA REALIDADE, QUE TODOS VERIAM MAIS OU MENOS DO MESMO MODO.
VEJO COM MEUS OLHINHOS A MESMA COISA QUE VOCÊ!
ESPERO!
CASO CONTRÁRIO, TALVEZ ESTEJA LOUCO!
É POR ISSO QUE É TÃO FÁCIL MANIPULAR AS MULTIDÕES...
BELAS ROUPAS, HEIN!
É...
SIM.
SIM!
DE FATO!
VOCÊ VIU O QUE O ROSS FEZ COM A MÔNICA?
CARA!
TODOS NÓS JÁ PASSAMOS POR ISSO, NÃO É!
... E TALVEZ SEJA POR ISSO QUE OS SERIADOS CÔMICOS SÃO TÃO POPULARES!

É AÍ QUE CHEGAMOS
À FILOSOFIA MODERNA!

COMO DEVO PROCEDER A PARTIR DAQUI?
PODERIA CONTINUAR RESUMINDO A VIDA E AS IDEIAS DOS MAIS EMINENTES FILÓSOFOS MODERNOS...
KANT
SCHOPENHAUER
SARTRE
MARX
WITTGENSTEIN
TODOS, POR ACASO, ERAM HOMENS, BRANCOS E EUROPEUS!
MAS SERÁ QUE ISSO VAI NOS AJUDAR A ENTENDER A ESSÊNCIA DA FILOSOFIA?
Um amontoado de fatos e teorias?
Mais relatos dos pensamentos de outras pessoas sobre a vida, o universo e todas as coisas?
FILOSOFAR É ADQUIRIR SABEDORIA E CONDUZIR NOSSA VIDA SEGUNDO A MESMA.
POR ISSO, A FILOSOFIA DEVE SER PRÁTICA!
FI LO S O FI A
INTERESSA-ME MUITO MAIS CONHECER PESSOAS DE VERDADE, VIVAS, E VER DE QUE MODO A FILOSOFIA É PERTINENTE NA VIDA DELAS, AQUI E AGORA!
OUSE SONHAR
TUDO TEM LIGAÇÃO
APROVEITE O DIA
PROCURE SEMPRE O PRIMEIRO LUGAR
DIVIDIR PARA REINAR
MEMENTO MORI
O COPO ESTÁ MEIO CHEIO
A FELICIDADE É UMA ESCOLHA
O AMOR TUDO VENCE

VOU PERGUNTAR A ALGUNS CONHECIDOS QUAIS SÃO AS FILOSOFIAS QUE ELES APLICAM EM SUAS VIDAS!
QUAIS PENSAMENTOS E LEMAS LHES DÃO FORÇA?
QUAIS PENSADORES OS INSPIRAM?
PRESS
PASSADO
PRESENTE

FILOSOFIAS PESSOAIS

A FILOSOFIA DE
YIRI
meu marido!
HÁ VÁRIOS PENSADORES COM IDEIAS INSPIRADORAS...
... MAS, SE EU TIVESSE DE ESCOLHER UM, FICARIA COM GEORGE CARLIN!
A VIDA DE GEORGE CARLIN
12 DE MAIO, 1937 – 22 DE JUNHO, 2008
GEORGE CARLIN NASCEU EM NOVA YORK EM 1937, FILHO DE IRLANDESES.
pai Patrick, trabalhava no New York Sun
mãe Mary, secretária
a mãe largou o pai quando George era pequeno
ELE TINHA UMA RELAÇÃO DIFÍCIL COM A MÃE E FREQUENTEMENTE FUGIA DE CASA.
TORNOU-SE TÉCNICO DE RADAR NA FORÇA AÉREA ATÉ SER DESPEDIDO.
VOCÊ, RAPAZ, É UM AERONAUTA IMPRODUTIVO!
zzzz
COM JACK BURNS, CRIOU UMA DUPLA CÔMICA. OS DOIS FORAM PARA A CALIFÓRNIA EM 1960.
Burns
Carlin
CARLIN LOGO DESPONTOU EM PROGRAMAS DE TV COMO O ED SULLIVAN SHOW E O TONIGHT SHOW.
GEORGE CARLIN É UM COMEDIANTE DE STAND-UP?!
SIM, E DAÍ...?

OS BOBOS E COMEDIANTES TRADICIONALMENTE NOS LEMBRAVAM DA VERDADE!
NOSSO DESTINO ESTÁ NAS MÃOS DESTE TIRANO MANÍACO!
OUÇAM O QUE DIGO: COMECEM A PUXAR O SACO DELE!
haha
haha
haha
ÀS VEZES, CARLIN TAMBÉM ME LEMBRA UM PROFETA BÍBLICO!
AI DE VÓS
que acreditais nesse monte de m...!
SEUS LIVROS E SHOWS ALCANÇARAM UM PÚBLICO MAIOR QUE O DA MAIORIA DOS FILÓSOFOS "NORMAIS"!
Todos os filósofos deveriam ser comediantes de stand-up!
Assim, aprenderiam a formular claramente a sua mensagem!
NO COMEÇO DOS ANOS 1970, ELE MUDOU DE IMAGEM E DE REPERTÓRIO
Eu me apresentava para o pessoal "decente"...
... mas me sentia mais próximo de seus filhos rebeldes!
novos temas: drogas, sexo e a Guerra do Vietnã
EM 1972, ELE POSTULOU AS 7 PALAVRAS QUE NÃO PODIAM SER DITAS NA TV.
MER..., FOD..., CAR..., BOCE..., VÁ TOMAR NO C..., P... QUE O PARIU, TETAS, O QUE ESSAS PALAVRAS TÊM DE TÃO RUIM?
Prendam-no por atentado ao pudor!
EM 1997, SUA MULHER MORREU. UM ANO DEPOIS, ELE SE CASOU COM SALLY WADE.
ELE É SÓ UM CARA INTELIGENTE E CARINHOSO!
EM 2005, EM LAS VEGAS, FOI DESPEDIDO POR INSULTAR O PÚBLICO.
VOCÊS QUE VÊM A VEGAS TÊM DE, ANTES DE TUDO, QUESTIONAR SEU INTELECTO DE M...!
EI!
Chupem o meu p... !
ALCOÓLATRA E VICIADO EM ANALGÉSICOS, ELE ENTROU EM REABILITAÇÃO.
E VOLTEI A TODO VAPOR COM A TURNÊ "VALE A PENA PERDER MINHA VIDA"!
CLÍNICA
Quase 70 anos!
MORREU DE INSUFICIÊNCIA CARDÍACA EM 2008, AOS 71 ANOS.
HÁ UMA SEMANA, ELE ESTAVA NO PALCO!
Nossa! Há um minuto ele ainda estava aqui!
George Carlin
1937-2008

O TEMA CENTRAL DA OBRA DE CARLIN É A DENÚNCIA DE TODAS AS IDIOTICES DO SER HUMANO – MOSTRÁ-LAS COMO ELAS SÃO!
SOBRE OS POLÍTICOS, ELE DIZIA: "Na próxima vez em que eles declamarem suas baboseiras cívicas sobre a necessidade de votar, lembre-se de que Hitler foi eleito num pleito democrático e livre!"
SUA POSIÇÃO SOBRE OS EVANGELISTAS DA TV: "Deus ama você e precisa do seu dinheiro! As religiões engolem bilhões de dólares, não pagam impostos e estão sempre pedindo um pouco mais. Quer mentira maior do que essa?"
LINGUAGEM
$
ELE ANALISOU A LINGUAGEM: "O inglês americano é repleto de eufemismos, pois os americanos têm imensa dificuldade para lidar com a realidade. Por não conseguirem encarar a verdade, eles inventam uma espécie de linguagem "light" para proteger-se da realidade."
SOBRE OS AMBIENTALISTAS, ELE DISSE:
"Não há nada de errado com o planeta!"
"... o problema são as PESSOAS! É por isso que eu gosto dos desastres naturais!"
EM SUMA: ELE É UM VERDADEIRO CRÍTICO DA CULTURA!

A FILOSOFIA DE GERRIT
Um velho amigo da família!
CRESCI NAS SARJETAS DE AMSTERDAM!
Vi a Segunda Guerra Mundial quando criança...
... e só frequentei a escola por 5 anos!
A POUCA CRIAÇÃO QUE TIVE FOI MARCADA PELA MORAL CRISTÃ!
NÃO FARÁS ISTO E NÃO FARÁS AQUILO!
ESPECIALMENTE O SEXO!
NÃO SABÍAMOS NADA E NÃO PODÍAMOS FAZER NADA!
GRAÇAS A DEUS...
... DESCOBRI NIETZSCHE!
"O FILÓSOFO COM UM MARTELO".
ELE DEMOLIA AS NOÇÕES DE AUTORIDADE E TRADIÇÃO!
ISSO ME ATRAIU MUITO!
RAAAAH
DEUS ESTÁ MORTO!!
O CRISTIANISMO O MATOU!

A VIDA DE NIETZSCHE
15 OUT., 1844 – 25 AGOS., 1900
NIETZSCHE NASCEU PERTO DE LEIPZIG, NA ALEMANHA.
VAMOS CHAMÁ-LO FRIEDRICH WILHELM EM HOMENAGEM AO REI, QUE FAZ 49 ANOS HOJE!
pai Karl Ludwig, pastor luterano
mãe Franziska
SEU PAI MORREU EM 1849 E NIETZSCHE CRESCEU NO MEIO DE CINCO MULHERES.
avó
mãe
tias
irmã
EM 1864, FOI ESTUDAR TEOLOGIA E FILOSOFIA EM BONN E DEPOIS EM LEIPZIG.
MAS DESISTI DA TEOLOGIA DEPOIS DE ALGUNS MESES E ME TORNEI ATEU.
O QUÊ?!
mãe
LOGO COMEÇOU A REBELAR-SE CONTRA A AUTORIDADE E A TRADIÇÃO.
QUANDO LEMOS ESTES LIVROS, JÁ NÃO PODEMOS LEVAR O CRISTIANISMO A SÉRIO!
SCHOPENHAUER
DARWIN
EM 1867, ALISTOU-SE NO EXÉRCITO DA PRÚSSIA.
LUTEI NA GUERRA FRANCO-PRUSSIANA DE 70/71, ONDE CONTRAÍ VÁRIAS DOENÇAS
DE 1869 A 1879, FOI PROFESSOR DE FILOLOGIA EM BASILEIA, CARGO QUE ABANDONOU POR PROBLEMAS DE SAÚDE. COMEÇOU ENTÃO A VAGAR PELA EUROPA.
FRANÇA, SUÍÇA, ITÁLIA...
DE PREFERÊNCIA BEM LONGE DA MINHA IRMÃ, COM QUEM BRIGO MUITO.
ESCREVI UM LIVRO POR ANO!
A GAIA CIÊNCIA
ASSIM FALOU ZARATUSTRA
O ANTICRISTO
EM 1882 CONHECEU LOU SALOMÉ, QUE RECUSOU SUA PROPOSTA DE CASAMENTO.
Lou
DEVIDO, SEM DÚVIDA, À INTERFERÊNCIA DA MINHA IRMÃ!
ALIENADO E AMARGURADO, SOFREU UM COLAPSO NERVOSO EM 1889.
NOS ÚLTIMOS ANOS DE VIDA, FOI CUIDADO PELA IRMÃ ELISABETH.
NÃO SE PREOCUPE, FRITZ! VOU CUIDAR DO SEU LEGADO!
MORREU EM AGOSTO DE 1900, APÓS UMA SÉRIE DE DERRAMES, AOS 55 ANOS.
SANTO SEJA O SEU NOME PELAS GERAÇÕES VINDOURAS!
seu amigo Peter Gast

UM DOS TEMAS CENTRAIS NA OBRA DE NIETZSCHE É A RECOMENDAÇÃO DE VIVER PLENAMENTE!
Há mais sabedoria no seu corpo que na mais profunda filosofia profunda filosofia
A vida é mil vezes curta demais para ser entediante
Eu só acreditaria num Deus que soubesse DANÇAR
Só o que fortalece é bom
Sou o meu próprio Deus
Sem a música, a vida seria um fracasso
COMO É IRÔNICO QUE TENHA SE TORNADO PRISIONEIRO DA SUA PRÓPRIA LOUCURA...
CARTAS DA LOUCURA
Saiba que mandei prender Caifás!
DEPRESSÃO MANÍACA? PSICOSE? SÍFILIS? TUMOR NO CÉREBRO? DEMÊNCIA?
... E TENHA SIDO DESVIRTUADO POR SUA IRMÃ ELISABETH, QUE ALTEROU SEUS ESCRITOS PARA COMPATIBILIZÁ-LOS COM SUAS IDEIAS DE PUREZA RACIAL.
NIETZSCHE ARCHIV
ACHO QUE MEU IRMÃO QUERIA DIZER QUE TODOS NÓS DEVEMOS SER SUPER-HOMENS ARIANOS!
MESMO ASSIM, SUAS IDEIAS LIBERARAM E INSPIRARAM UM NÚMERO INCONTÁVEL DE PESSOAS!
filósofos, artistas, políticos
SARTRE
FOUCAULT
HEIDEGGER
ROOSEVELT
CAMUS
NIXON
VIVER SEM GRILHÕES
SER CRÍTICO
CRIAR ARTE
FIZ TUDO ISSO!
E AGORA TENHO 72 ANOS – O FIM ESTÁ PRÓXIMO... E TORNO A OUVIR AS PALAVRAS DE NIETZSCHE:
LOUVO-TE, Ó MINHA MORTE, A MORTE LIVRE QUE ME VEM PORQUE EU A QUERO...
ASSIM FALOU ZARATUSTRA
... e é isso aí!

A FILOSOFIA DE
YOLANDA
Minha sogra!
MEU PAI ME ENSINOU:
"fazei aos outros o que quereis que eles vos façam".
AINDA PENSO NISSO AO LIDAR COM OS OUTROS...
... como eu mesma gostaria de ser tratada?
nascida em 1952
NOS ANOS 1980, MINHA FAMÍLIA SOFREU DUROS GOLPES ...
doenças, problemas no trabalho e no casamento
muitos morreram, alguns em acidente imprevisíveis - todos em poucos anos
VAMOS ASSUMIR A RESPONSABILIDADE! FALAR MENOS, AGIR MAIS! PASSOU A SER O MEU LEMA.
VAMOS LEMBRAR DE PRESTAR MAIS ATENÇÃO ÀS COISAS BOAS DA VIDA!
Como a música, uma boa taça de vinho, as boas companhias.
EM 1989, VI UM DOCUMENTÁRIO SOBRE UM ESCRITOR QUE ME INTERESSOU MUITO!

A VIDA DE GEORGE STEINER
OS PAIS DE STEINER FUGIRAM DE VIENA PARA PARIS EM 1924 DEVIDO AO CRESCENTE ANTISSEMITISMO.
pai Frederick, advogado de bancos
mãe Elise
EM 23 DE ABRIL DE 1929, NASCE SEU FILHO GEORGE.
irmã Ruth
DEFICIENTE, ELE TEM O BRAÇO DIREITO ATROFIADO.
NADA DE FICAR COM DÓ DE SI MESMO! VOCÊ VAI APRENDER A AMARRAR O SAPATO E ESCREVER COM A MÃO DIREITA COMO TODO O MUNDO!
SEUS PAIS LHE ENSINARAM TRÊS LÍNGUAS E EDUCARAM-NO COM OS CLÁSSICOS.
PAI, LESEN SIE DIE ILIAD WITH ME CE SOIR, S'IL VOUS PLAIT?
HOMERUS ILIAS
A FAMÍLIA FUGIU PARA NOVA YORK EM 1940, UM MÊS ANTES DE OS ALEMÃES TOMAREM PARIS.
ELE ESTUDOU LITERATURA, MATEMÁTICA E FÍSICA EM CHICAGO, HARVARD E OXFORD.
ME INTERESSO MAIS POR UMA EDUCAÇÃO AMPLA QUE PELA ESPECIALIZAÇÃO!
EM 1955, CASOU-SE COM ZARA SHAKOW.
VOCÊ ME DEVE DEZ PAUS! EU LHE DISSE QUE ELES FORAM FEITOS UM PARA O OUTRO!
Dois alunos tão inteligentes e dedicados!
seus professores
LECIONOU EM VÁRIAS UNIVERSIDADES DA EUROPA E DA AMÉRICA.
ADORO O MODO COMO ELE FALA DE LITERATURA E CULTURA!
É UM CRÍTICO, MAS NÃO É PESSIMISTA!
É UM ESTIMADO CRÍTICO DA CULTURA. A SOBREVIVÊNCIA É UM TEMA CENTRAL EM SEU PENSAMENTO.
OS TEMAS DA MINHA VIDA SÃO A MORTE, A MEMÓRIA, O HOLOCAUSTO...
AS ÁRVORES TÊM RAÍZES E EU TENHO PERNAS; A ISSO DEVO A MINHA VIDA!
LER LIVROS, MEMORIZAR AS COISAS – ISSO NINGUÉM PODE TIRAR DE NÓS!
APOSENTOU-SE EM 1994, MAS AINDA DÁ PALESTRAS. MORA EM CAMBRIDGE, NA INGLATERRA.
EMBORA EU SEJA AMERICANO!
Meu pai disse: "Se não sobrar ninguém na Europa com o sobrenome Steiner, Hitler terá ganhado no final!"

UMA DAS IDEIAS DE STEINER É TER SEMPRE UMA MALA PRONTA!
É O QUE EU FAÇO!
Preparada para qualquer coisa!
GOSTO DO FATO DE QUE SUA FILOSOFIA NÃO É PESSIMISTA, APESAR DE SUA GRAVIDADE!
STEINER DIZ QUE ELE PRÓPRIO É UM "ANDARILHO GRATO".
E NÃO É ISSO QUE TODOS NÓS SOMOS...?
ANDARILHOS GRATOS NUM MUNDO AO MESMO TEMPO TERRÍVEL E BELO?
BACH

A FILOSOFIA DE
MAARTEN
Meu irmão mais novo!
MINHA FILOSOFIA?
NA VERDADE, NÃO TENHO NENHUMA FILOSOFIA...
... MAS HÁ VÁRIAS FRASES QUE SEMPRE VOLTO A CITAR...
AQUI, PAPAI!
AGORA, PAPAI!
ASSUMA A RESPONSABILIDADE!
IGUAL À DE YOLANDA!
coça coça
COM UMA FAMÍLIA PARA CUIDAR, ISSO É NATURAL! SEMPRE TEM ALGUMA COISA ACONTECENDO!

"AQUI E AGORA, MENINOS! AQUI E AGORA!"
É UMA FRASE DO LIVRO *ILHA*, DE ALDOUS HUXLEY
Sobre uma ilha utópica na Ásia
onde os mainás foram ensinados a falar essas palavras
a fim de lembrar as pessoas de prestar atenção no Aqui e Agora
AQUI E AGORA MENINOS
ATENÇÃO!
ATENÇÃO!
"NÃO SÃO AS NOSSAS ATITUDES QUE MOSTRAM QUEM REALMENTE SOMOS, SÃO NOSSAS ESCOLHAS."
O trecho de Harry Potter que você mencionou...
AS ESCOLHAS QUE FIZEMOS NO PASSADO DETERMINAM QUEM SOMOS E ONDE ESTAMOS HOJE
E AS ESCOLHAS FUTURAS, AINDA EM ABERTO, OFERECEM LIBERDADE
Como vamos usar essa liberdade com responsabilidade?
Aceitamos a responsabilidade ou colocamos a culpa no destino e nas circunstâncias?
TUDO DEPENDE DE FAZERMOS ESCOLHAS CONSCIENTES NO AQUI E AGORA
E este texto de uma entrevista com o famoso quadrinista holandês MARTEN TOONDER:
DE TAO VAN TOONDER
VAGAMOS POR UM MUNDO MATERIAL PENOSO E INCOMPREENSÍVEL, QUE CHAMAMOS DE REALIDADE. NESSA REALIDADE, NÓS PERDEMOS NOSSOS ENTES QUERIDOS. ELES SE TORNAM LEMBRANÇAS E SENTIMOS IMENSAMENTE A FALTA DELES. MAS A EXISTÊNCIA DELES NÃO PASSOU EM BRANCO, POIS A CONVIVÊNCIA COM ELES FEZ DE NÓS QUEM NÓS SOMOS. SUA PRESENÇA NÃO DEIXOU DE TOCAR NOSSO ESPÍRITO. CONCLUO QUE TUDO SE RESUME A ISSO. ESSE É O ÂMAGO DA EXISTÊNCIA.

SE VOCÊ ME PERGUNTAR QUAL É A REALIDADE E O SENTIDO DA VIDA...
... PARA MIM, ELES SÃO O OUTRO.
SE QUEBRO MEU BRAÇO, POSSO FAZER VÁRIAS COISAS PARA INFLUENCIAR ESSA REALIDADE...
... MAS, SE O MEU FILHO QUEBRA O BRAÇO, ESTA SE TORNA A MINHA REALIDADE FIXA E INESCAPÁVEL!
Envolve-me irrevogavelmente, no corpo, no coração e na alma!
E, NESSA REALIDADE, EU SOU A QUANTIDADE "PAPAI".
UMA RESPONSABILIDADE INIRÍVEL, QUE DETERMINA A REALIDADE DELES.
E, PARA MIM, ESSE É O ÂMAGO DA EXISTÊNCIA.
AQUI.
AGORA.

E VOCÊ? QUAL É A SUA FILOSOFIA?

FIM
?

BEM...
A FILOSOFIA DE MARGREET
JÁ PERTO DO FIM DESTE LIVRO, EU DIRIA QUE É:
HÁ MAIS COISAS ENTRE O CÉU E A TERRA, HORÁCIO, DO QUE SONHA A TUA VÃ FILOSOFIA
DO HAMLET DE SHAKESPEARE
OU:
HÁ SEMPRE MAIS!
mais a dizer, mais a desenhar...
Eu teria adorado falar de Kierkegaard, Kant, Kuhn e Karl Marx...
Gosto de histórias redondas, com um final claro!
Gosto de fatos irrefutáveis, argumentos sólidos e teorias categóricas!
Mas há sempre MAIS! Assim, estou FADADA a ser incompleta e a ficar para trás da minha época!
... e esses são só os filósofos que começam com K!
QUE PENSAMENTO DESANIMADOR!

MAS, AO MESMO TEMPO, ELE TAMBÉM PODE SER ESTIMULANTE!
NÃO HÁ UM FIM DETERMINADO...
... MAS SOMENTE UM SEM-NÚMERO DE NOVOS INÍCIOS!
FIM
É POR ISSO QUE ME PARECE ADEQUADO TERMINAR ESTE LIVRO COM UMA PERGUNTA...
... UMA PERGUNTA QUE, ESPERO, ABRIRÁ ALGUMAS NOVAS PORTAS...

O QUE VOCÊ PENSA...?
FIM?

NOTAS:

Fontes das imagens e dos textos

Este livro não poderia ter sido escrito sem o uso do Google e da Wikipédia

página 37:
Mapa do mundo mediterrâneo por volta de 500 a.C., do *Historical Atlas* de William R. Shepherd, 1926

página 38:
Pintura da *Alegoria da Caverna*, de Cornelis Corneliszoon van Haarlem, em gravura de Jan Saenredam, 1604

página 41:
Foto do cavalo Maik, de Mariette van Heyningen

página 57:
Imagem do livro *Cosmographicus Liber*, de Petrus Apianus, 1524

página 58:
Representação da cosmologia de Ptolomeu, do atlas de Andreas Cellarius, 1660

Imagem da esfera de Sacrobosco, começo do século XV

página 64:
Ilustração das sete artes liberais reunidas em torno da filosofia, do *Hortus Deliciarum*, de Herrad von Lansberg, 1180

página 74:
Mapa da União dos Países Baixos, de Nicolaas Visscher I (1608-1679), usado com a permissão da Koninklijke Bibliotheek, Haia

Mapa da Europa por volta de 1560, do *Historical Atlas* de William R. Shepherd, 1923

Página 84:
Vista de Haia desde o Defltse Vaart no século XVII, pintada por Cornelis Springer e Kaspar Karsen, 1852

Gravura de *Le Massacre de Messrs de Witte* (artista desconhecido)

página 100:
Parte da capa do album *George Carlin: Take-Offs and Put-Ons, Recorded Live at the Roostertail, Detroit, Michigan*, de 1966

página 104:
Pintura da guerra franco-alemã de 1870-1871: *Sturm auf den Spicherer Berg*, de Anton von Werner, 1880 (imagem invertida)

Foto de Lou Salomé conduzindo Paul Rée e Friedrich Nietzsche. Quadro vivo elaborado por Nietzsche depois de Salomé recusar as propostas de casamento de ambos os homens, 1882

Foto da série "Der Kranke Nietzsche", de Hans Olde, 1899

PRÓXIMOS LANÇAMENTOS

Editora Cultrix
SÃO PAULO

Para receber informações sobre os lançamentos da Editora Cultrix, basta cadastrar-se no site: www.editoracultrix.com.br

Para enviar seus comentários sobre este livro, visite o site www.editoracultrix.com.br ou mande um e-mail para atendimento@editoracultrix.com.br